DERIVAS DE LA ORALIDAD

ESTUDIOS SOBRE LA HISTORIA DE LA CODIFICACIÓN PROCESAL PENAL, BUENOS AIRES - CÓRDOBA, 1935/1939

José Daniel Cesano - María Angélica Corva

DERIVAS DE LA ORALIDAD

ESTUDIOS SOBRE LA HISTORIA DE
LA CODIFICACIÓN PROCESAL PENAL,
BUENOS AIRES - CÓRDOBA, 1935/1939

Editorial Brujas

Título: *Derivas de la oralidad.*
Estudios sobre la historia de la codificación procesal penal,
Buenos Aires - Córdoba, 1935/1939

Autores: José Daniel Cesano - María Angélica Corva

Cesano, José Daniel
  Derivas de la oralidad : estudios sobre la historia de la codificación procesal penal, Buenos Aires-Córdoba, 1935-1939 / José Daniel Cesano ; María Angélica Corva. - 1a ed . - Córdoba : Brujas, 2019.
  140 p. ; 21 x 13 cm.

1. Derecho Penal. 2. Estudio Histórico. I. Corva, María Angélica. II. Título.
  CDD 345

© de todas las ediciones, José Daniel Cesano -
              María Angélica Corva
© 2019 Editorial Brujas
1° Edición.
Impreso en Argentina

Queda hecho el depósito que marca la ley 11.723.
Ninguna parte de esta publicación, incluido el diseño de tapa, puede ser reproducida, almacenada o transmitida por ningún medio, ya sea electrónico, químico, mecánico, óptico, de grabación o por fotocopia sin autorización previa.

www.editorialbrujas.com.ar publicaciones@editorialbrujas.com.ar
Tel/fax: (0351) 4606044 / 4691616– Pasaje España 1486 Córdoba–Argentina.

Al Dr. Víctor Tau Anzoátegui como gesto de reconocimiento y gratitud por su trabajo de tantos años como Director del Instituto de Investigaciones de Historia del Derecho

José Daniel Cesano – María Angélica Corva

Introducción

José Daniel Cesano[1] – María Angélica Corva[2]

Este libro recopila las exposiciones que realizáramos en el marco del Seminario "Los procesos de Codificación procesal penal: Las experiencias federal y en las provincias de Buenos Aires y Córdoba. Las tendencias de la oralidad (1915 / 1939)", organizado por el Grupo de Investigación "Criminalidad, Justicia y Control Social (América y Europa, 1850-1950). Discursos y prácticas institucionales", radicado en el Instituto de Investigaciones de Historia del Derecho, que tuvo lugar en la Ciudad Autónoma de Buenos Aires, el 6 de julio de 2018.

La selección del tema de aquella jornada respondió a una inquietud concreta: cierto desequilibrio historiográfico – que, como todo,

---

[1] Instituto de Historia del Derecho y de las Ideas Políticas *Roberto I. Peña* (Academia Nacional de Derecho y Ciencias Sociales de Córdoba) - INHIDE

[2] INHIDE/UNLP

reconoce excepciones que, en definitiva, confirman la regla general – en orden a la cantidad de investigaciones que se refieren a la codificación procesal y, en particular, a la del enjuiciamiento criminal.

¿Resulta justificado este *hechizo* que *mistifica* la codificación del Derecho sustantivo en relación al Derecho procesal?

No solamente consideramos que la respuesta a este interrogante debe ser negativa sino que, además, interpretamos que, curiosamente, esta indiferencia, en alguna medida, parte de las pretensiones de autonomía (científica y académica) que se derivaron de los propios procesos de codificación y que escindieron ambas "ramas" del ordenamiento jurídico penal. En efecto, durante años, las relaciones entre la ciencia del derecho penal sustantivo y la ciencia procesal penal se vienen caracterizando por cierta indiferencia recíproca; como si estas dos disciplinas se ocuparan de sectores del ordenamiento sin ningún tipo de relación entre sí. Bien lo expresa Ragués y Vallès: "Probablemente los orígenes de esta actitud se sitúan en la época de la codificación, cuando los legisladores optaron por reunir los preceptos que tipificaban los delitos y las penas en textos denominados códigos penales y reservaron las normas relativas al procedimiento para los llamados códigos procesales o leyes de enjuiciamiento. De hecho, en aquellos países donde no hubo proceso codificador —básicamente los ordenamientos del *common law*— los límites entre lo sustantivo y lo procesal no presentan la rigidez que se aprecia donde tal proceso sí ha existido. Esta primera separación legislativa determinaría en muchos países la posterior escisión en el ámbito académico"[3].

Existen diversos motivos que no justifican una escisión tan tajante y que, por el contrario, evidencian lo saludable de que ambas disciplinas se conjuguen en un análisis integrado del fenómeno jurídico. Estos motivos pueden verse desde dos perspectivas: una, que prioriza el análisis desde la óptica del funcionamiento articulado de las políticas estatales en relación a la prevención del delito; y la otra que alzaprima una indagación que hunde sus raíces en los posibles usos del proceso penal por parte de un gobierno. En cualquier caso, ambos tipos de miradas analíticas ponen de resalto la necesidad de intensificar el estudio de los procesos codificadores del proceso penal.

---

[3] Ragués y Vallés, Ramón, "Derecho penal sustantivo y Derecho Procesal penal: hacia una visión integrada", en La Reforma del Proceso Penal Peruano, *Anuario de Derecho Penal* 2004, pp. 129/130. Disponible en https://www.unifr.ch/ddp1/derechopenal/anuario/an_2004_08.pdf. Accedido: 16/02/2019.

En lo que concierne específicamente a las normas que regulan esta forma de enjuiciamiento quizá la razón más potente de la gravitación de este análisis se vincule a que, bajo "los aspectos conductores de la política criminal, las regulaciones de ambos [Derecho penal y Derecho procesal penal] están en una relación necesariamente complementaria"[4]: en la práctica "un orden jurídico penal será tan bueno como lo permita el procedimiento para su realización y, a la inversa, una regulación procesal satisfactoria no es posible cuando no está concebida para el Derecho material"[5].

Pero además – y a esta inquietud responde la segunda perspectiva que recién mencionamos – existen nexos entre las opciones procesales y los sistemas políticos. La cuestión fue advertida en forma temprana por Goldschmidt cuando afirmó "que la estructura del proceso penal de una nación no es sino el termómetro de los elementos

---

[4] Roxin, Claus, *Derecho procesal penal*, Editores del puerto, Bs. As., 2000, p. 6. En igual dirección se pronuncia Ragués y Valles, op. cit., p. 130, al expresar: "suprimir las rígidas fronteras que separan la ciencia del derecho penal sustantivo de la ciencia procesal penal y elaborar una nueva disciplina científica, cuyo objeto de estudio sea el fenómeno penal en todas sus dimensiones. Como afirma Maier, solo si se admite que '[...] el derecho procesal penal es parte del derecho penal' será posible elaborar una política criminal con auténticas pretensiones'".

[5] Roxin, op. cit., p. 6.

corporativos o autoritarios de su Constitución"[6]. Eberhard Schmidt explicó, con claridad, aquella intuición de Goldschmidt: "El cuadro que la historia del proceso penal presenta de las formas y métodos procesales, es de una permanente e importante variación y aún, dentro de la historia de un mismo pueblo. Modificaciones de la estructura social y, de acuerdo a ello, del estado constitucional; cambios de las relaciones entre el poder público y los particulares; transformaciones en las personas en cuanto al sentido del derecho y de la vida; nuevas orientaciones del pensamiento político, todo esto repercute sobre el espíritu y sobre el carácter, sobre la forma y sobre la estructura del proceso penal, lo que es una clara señal de que, en lo que se refiere al mismo, se trata de algo de carácter político preponderante. Por esta importantísima influencia del punto de vista político, el objetivo del proceso penal está en un peligro constante de ser apartado de su finalidad de verdad y justicia, y de ser puesto en servicio de propósitos políticos autoritarios"[7].

---

[6] Cfr. "Problemas jurídicos y políticos de proceso penal", en James Goldschmidt, *Derecho, Derecho penal y Proceso I Problemas fundamentales del Derecho*, Jacobo López Barja de Quiroga (ed.), Ed. Marcial Pons, Madrid, 2010, p. 778.

[7] Schmidt, Eberhard, *Los fundamentos teóricos y constitucionales del Derecho procesal penal*, Editorial Bibliográfica Argentina,

En nuestro caso, la selección de los temas de este Seminario se conecta con la primera perspectiva; esto es: pretendimos ver, a través de casos tomados de la historia de los procesos codificadores de las Provincias de Buenos Aires y Córdoba, cómo comenzó a gestarse y, en el caso cordobés concretarse, una orientación que veía en la introducción de la oralidad, un instrumento de perfeccionamiento de la política criminal; que al mismo tiempo se reflejaba en una modernización de sus instituciones, en comparación con las viejas tradiciones que, hasta entonces, se venían desarrollando. Quisimos, así, llamar la atención sobre la importancia que tiene volver la mirada sobre el pasado del enjuiciamiento criminal. Y lo hicimos por cuanto, estamos convencidos, que el diseño del proceso penal no es sólo una cuestión que se vincula con el fenómeno de recepción, transformación y adaptación de doctrinas y modelos sino que, además, también representa diversas maneras de concebir el reparto del poder político[8].

Bs. As., 1957, p. 190.

[8] Montero Aroca, Juan, *Principios del proceso penal. Una explicación basada en la* razón, coedición Ed. Astrea y Ed. Tirant lo Blanch, Bs. As., 2016, p. 13.

Nos resta agradecer, a los Dres. Víctor Tau Anzoátegui, a la sazón Director del Instituto de Investigaciones de Historia del Derecho, José María Díaz Couselo, por entonces Vicedirector, tanto del INHIDE como del Grupo "Criminalidad, Justicia y Control Social (América y Europa, 1850-1950). Discursos y prácticas institucionales", y Jorge Núñez, Secretario; quienes, generosamente, hicieron posible el marco institucional para que esta actividad pudiera concretarse.

Capítulo Primero

Instituciones para implantar la oralidad en la provincia de Buenos Aires. El proyecto de ley de organización de la justicia en materia penal de Rodolfo Moreno y Eusebio Gómez (1935)

María Angélica Corva

> *"El procedimiento oral para juzgar los delitos es tan viejo como la idea de hacer justicia...Es el mejor método para llegar a la verdad. Su utilización permite también conocer el valor que el estado otorga a las personas y a sus derechos".*
> (Sosa Arditi-Fernández, 1994)

I. Introducción

La doctrina procesal argentina atravesó un proceso de recepción temprana de la oralidad. Este proceso fue inspirado por fuentes germánicas, pero con una influencia indirecta de la doctrina clásica italiana. Esto dio lugar a numerosos proyectos legislativos, en el ámbito nacional y provincial, que se enfrentaron con grandes dificultades para concretarse. En el proceso penal, la Constitución Nacional previó la instalación del juicio por jurados, pero este nunca se reglamentó. Un proyecto de 1873 desechado, establecía el juicio oral y público.

A nivel local, la provincia de Córdoba legisló por primera vez un sistema de juzgamiento con debate oral, público, contradictorio y continuo.[9] La ley N° 3.831 de 1939 fue imitada por otras provincias., pero en la provincia de Buenos Aires el sistema de juzgamiento oral y público fue legislado en 1996 (ley N° 11.922) y puesto en funcionamiento en 1998.[10]

Para comprender el significado de lo que estaba en debate, haremos una breve descripción de los dos sistemas de procedimiento diametral-

---

[9] Cesano, José Daniel, *Contexto político, opinión pública y perfiles intelectuales en el proceso de codificación procesal penal en la provincia de Córdoba*, Ediciones Lerner, Córdoba, 2017.

[10] Berizonce, Roberto Omar; Martínez Astorino, Roberto Daniel "Los juicios orales en Argentina", en Ferrer Mac-Gregor, Eduardo; Saíd Ramírez, Alberto (Coord.) *Juicios orales. La reforma judicial en Iberoamérica*, Instituto de Investigaciones Jurídicas, Instituto Iberoamericano de Derecho Procesal, Universidad Nacional Autónoma de México, 2013, p. 40.

mente opuestos utilizados para juzgar las causas penales: el acusatorio (rigió en Grecia y Roma durante la República) y el inquisitivo (fue adoptado por la Roma imperial y durante la Baja Edad Media).[11]

Sistema acusatorio	Sistema inquisitivo
Instancia única	Doble instancia
Jurisdicción ejercida por asamblea o tribunal popular	Jurisdicción ejercida por jueces permanentes
Delitos de acción pública: la jurisdicción puede ser ejercida por cualquier ciudadano	El juez es el director absoluto del proceso
El proceso se concibe a instancia de parte. No hay actuación de oficio	La acción puede ser promovida de oficio por el juez
El proceso se centra en la acusación, formulada por cualquier ciudadano	
El acusado se defiende en paridad de derechos con su acusador	El derecho de defensa del acusado es limitado

---

[11] Esta introducción al tema de la oralidad la hemos realizado con el texto Sosa Arditi, Enrique A.- Fernández, José, *Juicio oral en el proceso penal. Procedimiento común. Procedimientos especiales*, Astrea, Buenos Aires, 1994, pp. 1-12

Las pruebas son aportadas por las partes únicamente	
El proceso se limita al análisis de las pruebas. Su valoración se hace por el sistema de la íntima convicción	La valoración de la prueba se hace mediante el sistema de las pruebas legales
Todo el proceso es público y continuo y el juego en paridad de derechos de las partes lo hace contradictorio	El procedimiento es totalmente escrito, secreto y por lo tanto no contradictorio
La sentencia no admite recursos	Se arriba a la segunda instancia por recurso interpuesto
El acusado se mantiene generalmente en libertad	La prisión preventiva y la incomunicación del acusado es una regla de aplicación permanente

La experiencia devino en un sistema mixto, que tomó elementos de cada uno, pero prevaleciendo la filosofía general del sistema acusatorio. Es una reunión alternada de ambas formas, no es una compenetración ni una mixtura, y el valor de la institución aumenta cuanto más se limite el proceso inquisitivo al período preparatorio del juicio criminal.

En el proceso así conformado podemos definir dos partes diferenciadas: la instrucción y el plenario. Se mantiene la prisión preventiva y la dirección del juicio por el juez.

1. Instrucción: etapa de investigación del hecho considerado delito. Se utilizan todos los elementos del sistema inquisitivo que se consideren útiles para evitar que se alteren los elementos de prueba. Es la etapa preparatoria de la siguiente.
2. Plenario: inmediación en la apreciación de la prueba, continuidad en su análisis, contradicción, pleno ejercicio del derecho de defensa del acusado y del de acusación. Público, oral, contradictorio y continuo. Parte del principio de inocencia, la verdad demostrada por las pruebas, único y valedero sustento de cualquier condena, será rectamente apreciada por los jueces.

La oralidad supone una neta diferenciación entre la etapa sumarial del proceso y el plenario o juicio propiamente dicho. Las partes, y en especial la que acusa, adquieren un papel protagónico, implementando la introducción de pruebas y estrategias creativas, ya que los hechos se acreditan o no casi por lo que hagan o dejen de hacer. El sistema mixto estructuralista desluce el carácter acusatorio del plenario y pone toda la fuerza en las pruebas de sumario. La oralidad se caracteriza por la publicidad, la inmediación (no hay mediación entre quien ejerce la jurisdicción y las fuentes de prueba y el justiciable), la continuidad y la libre convicción en la apreciación de la prueba.[12]

El Código de Procedimiento Penal de la Nación de 1889, redactado por Manuel Obarrio adoptó un modelo netamente inquisitivo, con jueces profesionales permanentes y juzgamiento escriturario en el que predominaba el sumario o instrucción formal, determinante en la decisión. Este modelo de proceso penal limitaba al juez al momento de fallar, ya que según el principio de oralidad, sólo el material presentado y discutido en la audiencia podía ser utilizado para la fundamentación de la sentencia. La inmediación permitía al tribunal extraer hechos y justificación de la fuente, sin equivalentes probatorios y la publicidad del debate aseguraba la presencia del público en la audiencia, con el control que implicaba para los actores del conflicto penal. El rol del Ministerio Público no estaba claramente determinado, la defensa estaba limitada durante el sumario, un

---

[12] Cafetzoglus, Alberto Néstor, *El juicio penal oral*, Ediciones Centro Norte, Buenos Aires, 1988.

magistrado era investigador y juzgador, los plazos eran extensos y los procedimientos arcaicos.[13] A pesar de todo, el sistema perduró hasta 1992, cuando por la ley 23.984 se sancionó el código procesal penal para la Nación, que se enrola en el sistema mixto.[14]

El Código de procedimientos en lo criminal para la justicia federal y los tribunales ordinarios de la Capital y territorios nacionales, puesto en vigencia en 1889, ha sido un obstáculo para la implementación del juicio oral en materia penal. Veinticinco años después, Tomás Jofré abrió un surco en la provincia de Buenos Aires implementando el juicio oral en forma optativa para el imputado en causas graves. Fue un sistema de transición y no organizó un Tribunal cuya función específica, permanente y exclusiva fuera el juzgamiento oral, sino que se lo asignó a la Cámara. La etapa sumarial continuó igual que en el juicio escrito y los jueces se desempañaban primero como jurados técnicos, determinando la culpabilidad, y luego como jueces al dictar la sentencia. Este Có-

---

[13] Berizonce- Martínez Astorino, "Los juicios orales en Argentina", cit., pp. 47- 48.

[14] Sosa Arditi, - Fernández, *Juicio oral en el proceso penal,* cit., p. 7-9.

digo admitía para los procesos por delitos graves el juico oral, público y continuo, ante un tribunal colegiado de jueces profesionales, si el imputado así lo manifestaba.[15]

Mientras el resto de las provincias vigorizaron el movimiento hacia la oralidad, en 1988 hizo la provincia de Buenos Aires obligatorio el juicio oral para los delitos que, inicialmente dolosos, terminaran en muerte (la ley 10.358 de 1985 lo hizo obligatorio[16]).

Ante este panorama, nuestro objetivo a largo plazo es comprender los reiterados fraca-

---

[15] Berizonce- Martínez Astorino, "Los juicios orales en Argentina", cit., p. 51.

[16] Ley 10.358, 1985. Modifica la ley 3.589 (1915) Código de procedimiento penal art. 70.- Sustituyese el artículo 221º del Código de Procedimiento Penal, por el siguiente: "Artículo 221º - En las causas graves y dentro del término anterior, el acusado manifestará si prefiere ser juzgado en única instancia y en juicio oral. Cuando hubiere dos o más acusados, el Juez citará a los mismos para que manifiesten su opción, con constancia en autos de lo expresado. El sometimiento de la mayoría de ellos al trámite oral obligará en igual sentido a los restantes y en el caso que fueren dos, la opción de uno de ellos obligará al otro. El juicio oral en instancia única será obligatorio si corresponde juzgar hechos, que, imputados como dolosos, hayan causado la muerte de una persona. La calificación sustentada en el auto de prisión preventiva fijará irrevocablemente el trámite por seguir sin perjuicio de lo establecido en el artículo 212º último párrafo y 213º de este Código. Cuando correspondiere el juicio oral obligatorio, este comprenderá los demás delitos materia de acusación y se extenderá a todos los co-encausados".

sos de los proyectos propuestos para implementar la oralidad en el proceso penal en la provincia de Buenos Aires. En esta oportunidad sólo nos centraremos en estudiar el proyecto redactado por Eusebio Gómez y Rodolfo Moreno sobre la organización de la justicia en materia penal como primer paso para determinar las causas por las cuales se impulsó este cambio en el paradigma del enjuiciamiento penal y cuáles fueron las razones por las que algunos proyectos no lograron su realización legislativa en tanto Córdoba sí lo hizo.

Tomamos este proyecto porque, en la búsqueda de una administración de justicia penal que pudiera aplicar exitosamente el juicio oral, se desarrolla en tres etapas que ofrecen diversos puntos de vista sobre el tema de la oralidad. La primera etapa fue una encuesta realizada a diversos actores del universo judicial; la segunda es la fundamentación del proyecto por parte de sus autores y la tercera la exposición de la propuesta para la organización de la justicia penal provincial.

II. En busca de la oralidad

La Constitución vigente en la provincia de Buenos Aires fue sancionada en 1873 después de tres largos años de trabajo de la Convención

Constituyente. El artículo 14 aseguraba "para siempre a todos el juicio por jurado".[17] El juicio por jurado fue establecido en la provincia por la ley 14.543 en el año 2013 y el primer juicio se realizó en 2015. Entre tanto la Convención reformadora de la Constitución en 1934 cambió las bases de los juicios criminales y correccionales, dando a la Legislatura facultades amplias para organizar la justicia y fijar los procedimientos. La reforma suprimió lo referente al juicio por jurados e introdujo el artículo 154 "facultando al Poder Legislativo para crear en el orden represivo, cámaras de apelación y tribunales o jueces".[18]

Si bien no quedó expresado en el texto, en la Convención se manifestó "el anhelo" de implantar el juicio oral y público para los procesos criminales y correccionales. Ese anhelo debía seguirse en fun-

---

[17] Sobre este artículo ver Corva, María Angélica, *Constituir el gobierno, afianzar la justicia. El Poder Judicial de la provincia de Buenos Aires (1853-1881)*, Prohistoria ediciones- Instituto de Investigaciones de Historia del Derecho, Rosario / Buenos Aires, 2014, pp. 243-246.

[18] Art. 154 La Legislatura establecerá Cámaras de Apelación y tribunales o jueces de primera instancia en lo civil, comercial y penal, permanentes en la ciudad de La Plata, determinando los límites de su jurisdicción territorial y las materias de su competencia en su fuero respectivo. En el resto de la Provincia los establecerá permanentes o viajeros, organizando los distritos judiciales que considere convenientes. *Constitución de la provincia de Buenos Aires, 1934.*

ción de experiencias previas, la opinión de los publicistas y la legislación de países adelantados. La Legislatura quedaba autorizada para sancionar un código de procedimientos en lo criminal y correccional debiendo sólo sujetarse al mantenimiento de las garantías esenciales.[19] El Poder Ejecutivo, por el decreto 85 del 9 de enero de 1935 puso en marcha dicho código, designando a Eusebio Gómez y a Rodolfo Moreno, pero no se concretó. A pesar de ello el texto es muy rico en sus considerandos.

Para Federico Martínez de Hoz, gobernador de la provincia de Buenos Aires entre 1932 y 1935, la organización de la justicia criminal y correccional y los procedimientos de esas materias, debían ser objeto de un estudio detenido y completo, enunciado en ese orden.[20] Dentro del proyecto reformador la administración de justicia era fundamental, como quedó de manifiesto en el decreto del Poder Ejecutivo del 5 de abril de 1935 creando la Comisión y designando a sus componentes. El texto enunciaba las reformas estructurales e institucionales necesarias para que la

---

[19] *Provincia de Buenos Aires. Convención Constituyente*, Taller de Impresiones Oficiales, La Plata, 1936, pp. 607-609.

[20] Sobre este período de la historia provincial consultar Béjar, María Dolores *El régimen fraudulento. La política en la provincia de Buenos Aires, 1930-1943,* Siglo XXI, Buenos Aires, 2005.

oralidad pudiera implementarse.[21] Para ello eran necesarias varias leyes enumeradas en los considerandos del Decreto:

    a. Orgánica de la justicia en lo criminal y correccional.

    b. Carcelaria, destinada a organizar los establecimientos penales y de detenidos, con un plan que comprendiera el presente, las ampliaciones de un futuro próximo y las demás modificaciones o previsiones requeridas.

    c. De menores, destinada a considerar la situación de los menores delincuentes imputables, los menores abandonados y aquellos que deben ser sacados del poder de sus padres y guardadores, teniendo en cuanta el código penal y las leyes de menores y patronato.

    d. Patronato de liberados en el orden local para contribuir dentro de la provincia al cumplimiento de los objetivos propuestos por el código penal.

    e. Registro local de reincidencia, en con-

---

[21] Eusebio Gómez, Rodolfo Moreno, Comisión de Reformas en Materia Procesal, Carcelaria y de Menores. Proyecto de ley de organización de la justicia en materia penal, Taller de impresiones oficiales, La Plata, 1935. (en adelante Proyecto Gómez-Moreno)

cordancia con el nacional y a los efectos de la mayor eficiencia preventiva y represiva.

f. Procedimientos generales en materia de faltas, determinando de manera precisa a qué autoridad o autoridades corresponde la facultad de dictar las ordenanzas o edictos y en qué forma deben hacerse efectivos, tanto al juicio de aquellas como las represiones.

Debían también proyectarse los reglamentos para los establecimientos de detenidos ya que se había transferido a la jurisdicción del Poder Ejecutivo los que antes dependían de la Corte Suprema, regidos por estatutos anticuados y diversos, "siendo precisa la unidad y la modernización".

La justificación de crear la Comisión estaba en la imposibilidad de los funcionarios públicos o de la iniciativa individual de los legisladores para proponer proyectos, siendo además más conveniente prepararlos con unidad de concepto para una mayor eficiencia. El objetivo era presentar el conjunto de proyectos relativos a la prevención y represión dentro del orden local, para lo cual la idea era designar para el trabajo a personas competentes. Para ello fueron elegidos Eusebio

Gómez y a Rodolfo Moreno para redactar los siguientes proyectos:

    a. Código de procedimientos en lo criminal y correccional.
    b. Organización de la justicia en lo criminal y correccional.
    c. Organización carcelaria, comprendiendo el régimen local de los establecimientos para penados y detenidos, las modificaciones y ampliaciones en ambos y las reformas que se consideren convenientes.
    d. Patronato de liberados.
    e. Menores delincuentes imputables y no imputables, y menores abandonados o que por cualquier causa deban estar a cargo del estado.
    f. Registro local de reincidencia.
    g. Procedimientos sobre faltas y normas generales respecto de éstas.

La Comisión podía requerir datos e informes de oficinas públicas, presentando el plan de trabajo al Ministerio de Gobierno dentro del año legislativo. Moreno y Gómez aceptaron la propuesta y el 23 de julio de 1935 presentaron el proyecto de ley orgánica para la administración de justicia en materia penal, con una exposición de motivos y fundamentos. Concretamente los autores habían cumplido con el encargo de "proyectar instituciones que transformaran nuestros viejos procedimientos e implantarán en Buenos Aires el sistema de juicio oral y público". La ley orgánica era inseparable del código, que ya estaba terminado y estaba en revisión por los autores, por ello sugerían la impresión de la ley que presentaban, propuesta de la que surgió el texto que pasaremos a analizar.[22]

1. La encuesta

El primer paso de Gómez y Moreno fue enviar una nota acompañada de una encuesta a magistrados y funcionarios provinciales. El listado cubría todas las instancias y abarcaba todo el mapa judicial. Fue enviado a los cinco ministros de la Suprema Corte y al Procurador general, a dieciocho jueces de seis Cámaras de Apelación (una Cámara por Departamento Judicial); dieciséis jueces del crimen; un fiscal de Cámara, doce agentes fiscales y diez defensores de pobres.[23] La

---

[22] Proyecto Gómez-Moreno, p. 7.
[23] En ese momento la provincia de Buenos Aires estaba dividida en seis Departamentos Judiciales: Departamento de la Capital

encuesta también fue enviada a los Presidentes de los Colegios de Abogados y al Director del Hospicio de Melchor Romero.

La consulta tenía como objetivo que magistrados y funcionarios del fuero penal manifestaran los cambios que consideraban necesarios en la organización de la justicia y en el ministerio fiscal, pero también interpelaban a los encuestados sobre su postura frente al proceso penal oral. Los redactores del proyecto confiaban en que eran los más indicados por el contacto diario con las necesidades de la justicia en relación a la seguridad social y las garantías individuales. En la nota hacían hincapié en la necesidad de transformar la estructura del sistema judicial, para ello el primer paso era separar la instrucción y el juicio.

Consideraban que no era oportuno mandar preguntas o puntos determinados, por ello enumeraron una serie de cuestiones a resolver para que cada magistrado expresara su opinión:
1. Sistema: juicio oral con jurado (jurado se pronuncia sobre los hecho y magistrado aplica la ley) o sin jurado (el tri-

---

(La Plata), Departamento del Centro (Mercedes), Departamento del Norte (San Nicolás), Departamento del Sud (Dolores); Departamento Costa Sud (Bahía Blanca), Departamento Sudoeste (Azul).

bunal colegiado dirige el juicio y pronuncia sentencia)
2. Organización de la instrucción
3. Publicidad del sumario, términos de la prevención e incomunicación del acusado
4. Exposición de su experiencia en juicios orales.

En el texto aparecen las respuestas de cuatro jueces del crimen, un defensor de pobres, un agente fiscal, el presidente del Colegio de Abogados de La Plata y el Director del Hospicio de Melchor Romero. Desconocemos si hubo otras respuestas que no fueron incluidas, sin embargo todo parece indicar una baja respuesta a la solicitud.

El juez del crimen de Azul, Benito Valdovinos, respondió aclarando que la premura de la solicitud y sus obligaciones no le permitirían dedicarle el tiempo necesario porque

"...la importancia del problema que comprende, debe ser materia de meditación y cohonestación con las observaciones que la aplicación diaria de la ley va permitiendo demostrar la conveniencia de introducir modificaciones ya que el sistema vigente atenta contra la seguridad de los trámites y las garantías hacia la libertad de los ciudadanos y el orden social".[24]

La afirmación del juez permite dimensionar la preocupación que causaba el proceso penal y las consecuencias que desde su experiencia cotidiana generaba el sistema vigente. Establecido esto, se dedicó a brindar sus opiniones y propuestas. Defendía el proceso oral pero al mismo tiempo consideraba que era opuesto a "esta manera de ser que nos es tan propia". Con esta afirmación se refería a que "el favor, la influencia, la venalidad y los mil recursos de que disponen potentados y políticos, se pondrán en juego y pesarán fatalmente para determinar la conciencia y el voto del Jurado". Por ello el Jurado popular era un grave error para la dilucidación y resolución de los asuntos criminales.

Estaba totalmente a favor de la oralidad del juicio, incorporado por la ley procesal vigente. Debía estar a cargo de un tribunal colegiado de jueces letrados, con el sistema de las libres convicciones impuesto por el artículo 382 del citado Código y con fallo por unanimidad de jueces. Este Tribunal atendería todas aquellas causas en que la aplicación de la pena no excediera de tres años de prisión o reclusión. En todas las demás causas el

---
[24] Proyecto Gómez-Moreno, p. 57.

juicio oral debería llevarse a cabo ante el Juez del Crimen de cada Departamento.

Desde una ciudad que se ubica a casi 300 kilómetros de la capital provincial, la perspectiva del juez era que la implantación de instrucción letrada resultaba imposible por las extensiones y la falta de vías de comunicación rápidas. El problema de quitar a la policía la instrucción de sumarios se resolvería con el juicio oral, donde el juez del crimen resolvía en un plazo perentorio recibiendo el sumario y llevando a cabo el juico con la rendición de pruebas.

Para garantizar el proceso proponía la creación de un cuerpo de inspectores sumariantes con título de escribano, a las órdenes de los jueces del crimen y nombrados por la Suprema Corte de Justicia, con cargos inamovibles mientras durase su buena conducta o no incurrieran en faltas graves. Estos secretarios sumariantes llevarían adelante la instrucción de los sumarios encomendados por los jueces. Los juicios orales a cargo de los jueces del crimen podrían celebrarse en el asiento del Juzgado o en las Municipalidades para que el pueblo pudiera observar cómo se administraba la Justicia que pagaba.

Los objetivos sólo se podían conseguir con la consiguiente reserva que el secreto del sumario imponía a las diligencias y la falta de comunicación del procesado con sus familiares o el exterior.

"Durante un término de diez días, el sumario debía ser secreto, porque si antes se sostenía que tal sistema se prestaba a venganzas, persecuciones y maniobras de las malas policías, por el nuevo procedimiento para la instrucción de sumarios, la intervención directa del juez del crimen o de sus secretarios sumariantes, la oralidad de debates y el pronunciamiento en base a las libres convicciones de jueces letrados que juzgan, desvanecía toda causa de inquietud y temor desde que existían garantías en los métodos y en los magistrados".[25]

Teófilo Gomila, juez del crimen del Departamento Capital se manifestó contrario al proyecto e incrédulo respecto a los beneficios del juicio oral. Desde su perspectiva, el Código de Procedimientos promulgado en 1915 estableció en forma optativa -por primera vez a título de ensayo- el juicio oral y habían transcurrido veinte años durante los cuales se había manifestado el fracaso "más rotundo y categórico" de esta "institución exótica que a toda costa se desea implantar en nuestra tierra, poco propicia para ella". Se optaba finalmente por el procedimiento escrito con dos instancias

---

[25] Proyecto Gómez-Moreno, p. 60.

que permitía recursos ante la Suprema Corte de Justicia.

"El procedimiento escrito ofrece mayores garantías, tiene recursos más amplios, da lugar al análisis más meditado y profundo del proceso sin exponerse a que una sentencia pueda estar fundada en impresiones momentáneas de índole sentimental, sino en los principios del derecho, base de las leyes, en los comentarios de éstas, en la biblioteca del magistrado que ha de fallar, contemplando el factor humano de acuerdo con los artículos 40 y 41 del Código Penal, pero aplicando su experiencia y su saber con las reglas establecidas para la apreciación de la prueba".[26]

El rechazo hacia el jurado popular se fundamentaba en la falta de una educación especial, que era difícil de adquirir por ser ajena a las costumbres, "manera de ser" y por defectos capitales que la hacían imposible. Si el objetivo era la celeridad, se podía recurrir a otros medios, como generar un reparto proporcionado de causas.

El magistrado introdujo un tema complejo que sigue siendo objeto de discusión. Proponía la creación de la Justicia de Instrucción, a su entender un gran progreso institucional y una garantía para las personas y la sociedad. Debía ser letrada,

---
[26] Proyecto Gómez-Moreno, p. 62.

inamovible y dependiente del Poder Judicial. De esta forma las policías dejarían de ser "las policías bravas de que nos hablan diariamente los órganos de publicidad, para estar controladas de cerca por el Poder Judicial, independiente y seguro para ejecutar libre y honestamente sus funciones".[27]

El juez del crimen de San Nicolás, Mario Juárez García, encaró la respuesta a la consulta con una afirmación contundente: "Soy un decidido partidario del juicio oral y creo con idéntica convicción en las ventajas del tribunal letrado sobre el jurado popular, dentro de nuestro medio".[28] En una frase el magistrado resuelve el gran dilema planteado en el proceso hacia la oralidad. Su firme postura se basaba en que los juicios orales que se habían realizado hasta el momento eran grotescas parodias, lo cual sólo podría cambiar si los jueces no quedaban encorsetados entre el procedimiento oral y el escrito y entre los sistemas antagónicos de las pruebas legales y de las libres convicciones. La disyuntiva era o jueces de derecho sometidos a las normas severas del hermetismo legal, o jueces de conciencia guiados por el recto criterio del honesto y sencillo ciudadano lego. A su entender los nuevos tribunales debían juzgar conforme a los

---

[27] Proyecto Gómez-Moreno, p. 66.
[28] Proyecto Gómez-Moreno, p. 77.

principios de las pruebas legales y no por el sistema de las libres convicciones, en función "al nivel cultural de la educación de las masas y teniendo fundamentalmente en cuenta la preeminencia de lo colectivo sobre lo individual...".[29]

La instrucción del sumario de prevención no podía ni debía dejarse en manos de la policía, dado que la acción nefasta de los caudillos políticos de todos los tiempos, la mantuvo por debajo del nivel necesario para ser auxiliar de la justicia del crimen e instructora de los sumarios de prevención. Desde su experiencia, ninguna reforma era posible mientras la policía siguiera supeditada a los poderes públicos, mientras tanto debía mantenerse alejada de la intervención directa en los sumarios. El establecimiento de la justicia de instrucción letrada, a base de jueces inamovibles mientras durase su buena conducta, garantizaría en forma plena, la seriedad, la honestidad y la inteligencia, necesarias para proteger la libertad individual. La presencia rápida de esos jueces en el lugar del hecho evitaría las modificaciones de las cosas en perjuicio o beneficio del sujeto activo del delito, provenientes de la simple ignorancia o de la parcialidad deliberada, que producía idénticos e irreparables inconvenientes.

---

[29] Proyecto Gómez-Moreno, p. 78.

Para respaldar sus convicciones presentó todo un estudio estadístico sobre la población de la provincia para dividirla en secciones. En resumen, el establecimiento de la justicia de instrucción letrada en la Provincia, no costaría más de quinientos diez y seis mil trescientos cuarenta pesos sobre el presupuesto vigente de la justicia del crimen, salvo error u omisión. El juez de instrucción, terminado el sumario, lo elevaría al Tribunal con el acta de acusación o pidiendo su archivo. El presidente dictaría el auto de *ha o no ha lugar* a la acusación, con apelación ante el Tribunal, en el primer caso se archivaría la causa y en el segundo se completaría con la inmediata fijación de la fecha para la vista de la causa.

Muy interesante es su propuesta sobre las causas de juego y las que eran competencia de los jueces de paz (legos). Cada miembro del tribunal sería juez de falta en dichas causas, con juicio oral y público, fallando según el sistema de libres convicciones, con el fin de humanizar la justicia. Finalmente, y según sus propias palabras, a riesgo de ser tildado de reaccionario, era partidario del secreto del sumario, sobre todo si éste estaba a cargo de jueces letrados. La publicidad conspiraba contra la eficacia de la represión y dificultaba la investigación de los hechos.

Pasamos ahora a los funcionarios del Ministerio Público que respondieron a la consulta. El defensor de pobres del Departamento Judicial Mercedes, Vicente L. Dobarro, luego de un repaso por los debates de la Convención Constituyente de 1934, coincidía en el común anhelo de instituir la oralidad del juicio en instancia única, descartando totalmente los jurados populares. Sobre la instrucción sumarial propuso mantener los principios procesales en vigencia sustentados en la publicidad para todos los actos judiciales y la igualdad ante la ley.

Propuso una división en delitos menos graves, a cargo de los jueces penales, y más graves a cargo de las Cámaras del crimen. Esto se llevaría a la práctica con la creación de doce circuitos atendidos por doce Cámaras del crimen y apelaciones en lo civil y comercial, doce jueces penales y doce jueces en lo civil y comercial, es decir, un tribunal y un juzgado de cada nominación para cada uno de los doce distritos. En ese momento, de las nueve Cámaras de la provincia, dos de la Capital y una del Centro conocían sólo en asuntos civiles; una en La Plata y una en Mercedes atendían en materia criminal, y las otras cuatro de los demás departamentos, atendían ambos fueros. Dividiendo las tareas y distribuyendo las funciones en forma equitativa, las Cámaras se liberaban de las causas leves o menos graves. La jurisdicción ajustada a la población regularía mejor su desempeño.

El agente fiscal del mismo Departamento, Jorge Gallegos, era partidario del juicio oral, pero lo veía como irrealizable por la falta de medios económicos. En función de esto recomendaba no legislar como vía de ensayo porque el ambiente social no era un laboratorio, afirmación que tiene lógica en función de su lugar dentro de la estructura judicial. Como agente fiscal estaba más cerca de quienes podían sufrir las consecuencias en forma directa de ensayos mal implementados.

"Ser parco en legislación no significa sostener que la defensa social puede garantirse con el sistema escrito, ni demuestra que los funcionarios somos conservadores por temperamento, como lo dijo el doctor Tomás Jofré. Sencillamente, asimilamos las enseñanzas de los profesores de derecho cuando dicen que las instituciones y doctrinas extranjeras no deben ser aceptadas sin el examen y estudio detenido del medio en que van a actuar, y sin la compulsa de las necesidades o exigencias que puedan aconsejarlas".[30]

El ambiente social de la provincia de Buenos Aires no estaba preparado para el juicio oral,

---
[30] Proyecto Gómez-Moreno, p. 73.

pero la verdadera valla consistía en la extensión del territorio y en la erogación que requería.

Según las estadísticas el sistema era lento y la buena administración de justicia exigía la tregua, el estudio y la meditación. El juicio oral no era indispensable, pero de implementarse debía ser con tribunales colegiados, con procedimiento oral, público y obligatorio para todos los delitos, sin opciones y sin privilegios para ninguna de las partes.

Debía crearse una Policía Judicial dependiente de la Suprema Corte en cuanto a los nombramientos y remociones, pero a las órdenes directas de los jueces correccionales y de los presidentes de las Cámaras del crimen, para la instrucción exclusiva y previa al juicio oral, y con las mismas facultades de los comisarios. También era necesario que el Ministerio Público se constituyera como una magistratura especial con facultades de ordenar la investigación de delitos a la Policía Judicial.

Lo realmente interesante de esta propuesta es la conformación del estatuto o escalafón del funcionario, mediante un orden confeccionado y publicado todos los años por la Suprema Corte, de acuerdo con los antecedentes que obren en las fichas personales. Para ello debía crearse un registro especial, con los méritos de los funcionarios en su actuación. Ese escalafón debía ser respetado por el Poder Ejecutivo y en el caso de no hacerlo debía expresar las causas en el pliego enviado al Senado. El Procurador de la Corte sería el encargado de controlar su cumplimiento. Esta propuesta no sólo sostenía la meritocracia sino que dejaba de manifiesto la preocupación por la independencia del Poder Judicial, pero a su vez la defensa de un papel más protagónico del Ministerio Público.

La consulta a los Colegios de Abogados sólo obtiene respuesta de T. Bacigalup Vértiz, presidente del Colegio de La Plata. En nombre de sus colegas se declaró partidario de la adopción del procedimiento oral y público, para todas las causas en materia penal, para lo cual:

1. El proceso debía substanciarse ante Tribunales Colegiados, compuestos por jueces de derecho, que resolvieran en única instancia, por libre convicción en las cuestiones de hecho y con recurso de casación en las cuestiones de derecho.

2. La organización judicial para adaptarse a tal reforma, debía contar con un procedimiento acusatorio ante la justicia penal en la forma aconsejada por el proyecto de los doctores Rivarola y de la Colina (1911)[31]; reorganización del Ministe-

---

[31] De la Colina, Salvador; Rivarola, Rodolfo, *Proyecto de ley sobre*

rio Fiscal con las facultades y deberes necesarios al sistema a implantarse; formación de cuerpos técnicos auxiliares de la justicia penal.[32] La reforma debía ser amplia y comprensiva de la orientación de la ciencia penal, ya que las leyes procesales debían ser la fiel expresión de las tendencias científicas del momento.

En este contexto, y apoyándose nuevamente en Rivarola y De la Colina, rechazaba el jurado popular, porque no encuadraba "dentro de las exigencias científicas del juicio penal y no induce relación, ni con el grado de las libertades individuales, ni con su realidad práctica, ni con el sistema de gobierno adoptado".[33]

Como la carta de la Comisión solicitando la opinión de los Colegios realizaba una enumeración de las leyes a proyectar, Bacigalup Vértiz manifestó su opinión sobre el régimen carcelario. Para los penados debía tener por finalidad la regeneración del delincuente y como medio que las cárceles llenen las necesidades científicas reclamadas para obtener tal fin. La organización carcelaria para detenidos debía buscar evitar la

---

organización y atribuciones de la administración de justicia, Taller de Impresiones Oficiales, 1911.

[32] Proyecto Gómez-Moreno, p. 101.

[33] Proyecto Gómez-Moreno, p. 102.

promiscuidad del procesado, que era la mejor escuela de la delincuencia y la forma más eficaz de la propagación de todos los vicios.

El sistema a implantarse debía establecer "la separación absoluta del procesado adulto y el menor, para cuyo efecto, estos últimos deberán cumplir su detención o prisión preventiva en institutos especiales y aún en el domicilio de su padres o tutores e igual tratamiento deberá seguirse con las mujeres honestas o en estado de gravidez o con hijos en edad de lactancia, que podrían permanecer en su domicilio". La acción regeneradora del Estado, iniciada en los establecimientos carcelarios, no debía terminar allí, debía prolongarse cuando el individuo volvía a la sociedad.

Esa acción debía seguir al ex recluido, en sus primeros pasos del reingreso al libre ambiente social. Era una acción complementaria, de previsión y de protección. Y tal es la obra que debía cumplir el "Patronato de Liberados" como función del Estado. Debía evitarse que la necesidad, el desamparo y el aislamiento repulsivo que se generaba alrededor de un ex habitante de la población carcelaria, destruyeran "toda una paciente obra de regeneración iniciada en la cárcel y vuelva por la senda del delito a quien, lanzado nuevamente a la vida libre, no encuentre otra disyuntiva para subsistir, que la de volver a delinquir". Muy optimista la visión del abogado.[34]

Instaba especialmente a la protección y amparo de los menores de edad con institutos que debían responder al objetivo de la regeneración por la educación y desarrollo físico de la infancia, considerando que establecimientos al estilo de la Colonia Nacional de Menores de Marcos Paz, podían cumplir esa misión, con las ampliaciones y reformas que la ciencia aconsejaba en esta materia. Para lograrlo plenamente debían establecerse tribunales de menores.[35]

Finalmente nos encontramos con la desgarradora y realista respuesta del Director del Hospicio de Melchor Romero, el Dr. Jorge

---

[34] Nuñez, Jorge, "La reinserción social de los ex-presidiarios en la Argentina de las primeras décadas del siglo XX. Algunos comentarios biográficos sobre Jorge H. Frías, fundador del Patronato de Liberados y Excarcelados de la Capital Federal", en *Temas de Historia Argentina y Americana*, n.22, UCA, Buenos Aires, 2014, pp.175-196.

[35] Consultar Di Liscia, María Silvia, "Colonias y escuelas de niños débiles. Los instrumentos higiénicos para la eugenesia. Primera mitad del siglo XX en Argentina" en Di Liscia, María Silvia y Bohoslavsky, Ernesto (Eds.), *Instituciones y formas de control social en América Latina,* Prometeo, Buenos Aires, 2005, pp.93-114; Freidenraij, Claudia, *La niñez desviada. La tutela estatal de niños pobres, huérfanos y delincuentes. Buenos Aires, c. 1890-1919*, Tesis de Doctorado inédita, Universidad de Buenos Aires, 2015.

Hirschi.[36] Moreno y Gómez lo consultaron en su carácter de director del hospicio que alojaba procesados y penados de ambos sexos, con un pabellón especial para condenados varones. Querían conocer no solamente la situación de los internados sino también su parecer sobre la conveniencia de que procesados y penados permanecieran allí. Hirschi tenía bajo su cuidado alienados delincuentes y autores de delitos. Lo primero que manifestó fue que el tema de la situación y ubicación de los "alienados y anormales" que delinquían o de los delincuentes que se hacían alienados era el más debatido por la medicina mental. La sociedad había generado un problema social al exigir la reclusión de los alienados y la solución requería de un derecho de defensa y un deber de protección.[37]

Para dar fuerza a su exposición comenzó con la descripción del local de seguridad especial, el Pabellón Lombroso:

---

[36] El Hospital de Melchor Romero fue el primer hospital público general construido por Dardo Rocha en la nueva Capital provincial. La obra del hospital fue realizada por el equipo de ingenieros que guiaba Pedro Benoit y se abrió al uso público el 24 de abril de 1894. En mayo ingresaron los primeros pacientes del hospital general, y en junio se habilitó el sector destinado a los alienados.

[37] Sobre el tema puede consultarse Sozzo, Máximo, *Locura y crimen. Nacimiento de la intersección entre los dispositivos penal y psiquiátrico*, Didot, Buenos Aires, 2015.

"Consta éste de un cuerpo de edificio de dos pisos, con dos salas de 22 por 8 metros cada una y por piso y sus anexos de baños, letrinas, habitación para guardianes, etc.; el todo rodeado por alta reja de hierro para seguridad, que aísla este pabellón del resto del Establecimiento. Entre la reja de seguridad y el edificio existe un espacio libre que rodea a éste, espacio dividido en dos partes uno anterior de 905 metros cuadrados y el posterior de 894 metros cuadrados, este último es el solo destinado a contener la población del pabellón durante el día, estos espacios libres no tienen protección alguna contra factores atmosféricos. Como se ve, un local de puro corte carcelario, sin compartimentos cubiertos para trabajo, régimen de vida carcelario y permanentemente un piquete de guardias de cárcel, hace guardia armada al pabellón. La población del Lombroso es de unos 170 recluidos término medio".[38]

Había sido creado para albergar a alienados delincuentes, delincuentes que se hacían alienados y para retener en observación a acusados de hechos criminales y que era necesario dictaminar sobre su estado mental. Este orden inicial no duró mucho, pronto se vio desnaturalizado con la internación de delincuentes de todo orden y atacados

---
[38] Proyecto Gómez-Moreno, p. 112.

de diversas afecciones, procedentes de las Cárceles, Penitenciarías y del Presidio de Sierra Chica. La razón invocada para esta derivación era la falta de un hospital carcelario para la atención de estos enfermos. Según la experiencia del director esta aberración generó tres problemas sin solución:

1. Hacer vida en común de locos y normales mentalmente.
2. Tener que disponer una sala íntegra para la contención de enfermos de clínica médica o quirúrgica, mentalmente sanos.
3. La consecuente instalación de la guardia armada para vigilar estos sujetos.

La peligrosidad de estos sujetos no era consecuencia de haber cometido un delito, derivaba de su "fórmula clínica": "todo alienado, por el hecho de serlo tiene su índice de peligrosidad, aunque no haya cometido un acto antisocial. Todo alienado, siendo un asocial, es un antisocial en potencia".[39] El psiquiatra criminalista consecuente con las modernas ideas de la escuela positiva, sostenía que el loco que delinquió bajo la influencia de su delirio, debía ser puesto inmediatamente en libertad si curado de la causa de su delito pudiese volver a ser un indivi-

---
[39] Proyecto Gómez-Moreno, p. 115.

duo laborioso e inofensivo.[40]

Ante esta situación Hirschi proponía tres tipos de establecimientos especiales destinados a los alienados peligrosos:

    a. Departamentos manicomiales anexos a las cárceles.
    b. Departamentos especiales anexos a los manicomios.
    c. Asilo central para alienados criminales o asilos regionales especializados.

En el año 1914, en el Congreso Penitenciario reunido en Buenos Aires, los doctores Helvio Fernández y Horacio P. Areco expusieron su concepto sobre el tratamiento adecuado para los alienados delincuentes y delincuentes alienados, desarrollado en quince puntos. La propuesta no fue aprobada y se decidió que "el tratamiento de los alienados delincuentes y de los delincuentes alienados debe efectuarse en establecimientos especiales, distintos de los manicomios comunes o en secciones particulares de estos mismos manicomios".

En función del diagnóstico y de las tendencias científicas el director propuso fundar dentro

---

[40] Ingenieros, José, *Dos páginas de psiquiatría criminal,* Imprenta Galileo, Buenos Aires, 1900.

o fuera de su Establecimiento un "Hospital Psiquiátrico de Asistencia y Seguridad" para recluir alienados peligrosos, con secciones independientes para los distintos tipos a los cuales se refiere el artículo 34 del Código Penal. En cuanto a las mujeres en la misma situación, proponía la fundación de un hospital en iguales condiciones. Otra sugerencia era la organización en las prisiones de un anexo psiquiátrico, de probados beneficios sobre todo en las prisiones belgas y alemanas. Sería este anexo, un sitio de observación psiquiátrica transitorio, para formas agudas o simples episodios psicopáticos, además de la utilidad que tendría para la observación crimino-psiquiátrica de los delincuentes.[41]

2. Los fundamentos del proyecto

Con todo este material Moreno y Gómez redactaron el proyecto de Ley Orgánica de la Justicia en materia penal. Comenzaron su exposición de motivos describiendo la organización vigente. La justicia criminal contaba con jueces de primera instancia, que eran a la vez jueces de instrucción y de sentencia; Cámaras de apelación y la Suprema Corte de Justicia, que debía pronunciarse en los

---
[41] Proyecto Gómez-Moreno, p. 119.

casos de recurso extraordinario de inconstitucionalidad o el de inaplicabilidad de ley. El Ministerio Fiscal estaba representado por el Procurador de la Suprema Corte, los fiscales de Cámara y los agentes fiscales.

El procedimiento era escrito, debiendo cumplir con las diligencias que se llevasen a cabo con motivo del proceso y las resoluciones de los magistrados. Sólo se reconocía la excepción de los juicios orales en el caso que el procesado optara por esa forma de juzgamiento.

Insistían con el problema que generaba que la instrucción estuviera a cargo de los jueces del distrito cabeza del Departamento respectivo, pero que en la práctica quedara en manos, en casi todos los casos, de las policías locales, sin el contralor ni la vigilancia de las partes esenciales del juicio o sea el acusador público y el defensor. Los sumarios se instruían en algunos casos por los jueces y las actuaciones de prevención se remitían a los magistrados los que disponían ratificaciones y ampliaciones. En el juzgado intervenían fiscales y defensores pero esto "no modifica la situación real del mayor número de casos en los cuales las policías locales tienen a su cargo la verdadera instrucción y la suerte del imputado". Para que los jueces pudieran hacer personalmente el trabajo de instruir los sumarios hubiera sido necesario la creación de 120 jueces de instrucción, donde había en ese momento quince (de instrucción y de sentencia) distribuidos en seis departamentos judiciales:

Departamento Judicial	Jueces de 1° instancia	Cámaras de apelación
Capital	5 jueces 2 secretarios 3 agentes fiscales	1 Cámara criminal 1 secretario 1 fiscal de Cámara civil y penal
Centro	3 jueces 2 secretarios 1 agente fiscal civil y penal	1 Cámara criminal 1 secretario
Sud	2 jueces 1 agente fiscal civil y penal	1 Cámara civil, comercial, criminal
Norte	2 jueces 1 agente fiscal civil y penal	1 Cámara civil, comercial, criminal
Costa Sud	2 jueces 1 agente fiscal civil y penal	1 Cámara civil, comercial, criminal
Sudoeste	1 juez 1 agente fiscal civil y penal	1 Cámara civil, comercial, criminal

La demora en la sustanciación de las causas y los daños que ocasionaba tenía fundamentalmente dos causas: la insuficiencia de magistrados y el sistema penal. El procedimiento penal adoptado no era el propuesto por la ley fundamental de 1873, que aseguraba en su artículo 14 el juicio por jurados. La Constitución provincial reformada en 1889 cambió este artículo por el 15, por el cual mientras no se estableciera el juicio por jurados, la Legislatura podría dictar la ley de procedimientos en materia criminal y correccional. El artículo se eliminó de la Constitución provincial de 1934, dejando en manos de la Legislatura la organización de la justicia.

En los debates de dicha Constitución, el diputado convencional Julio Ojea propuso instituir para el juzgamiento de las causas civiles y penales "tribunales colegiados compuestos de jueces letrados que resolvieran en única instancia por libre convicción, mediante el procedimiento oral y en recurso en las cuestiones de derecho". Quedaba en manos de la Legislatura determinar cuándo se instalarían esos tribunales, la justicia de instrucción letrada y la policía judiciaria. El convencional Atilio Roncoroni, miembro informante de la Comisión, dijo que esta no aceptaba el artículo propuesto, aunque sus integrantes eran partidarios del juicio oral, que debía ser establecido en la ley no en la constitución, porque podían variar las circunstancias y las necesidades futuras.

El convencional Rodolfo Moreno, informante del despacho en general, confirmó y apoyó esta postura, pidiendo que se dejara constancia de que en modo alguno la Comisión veía como inconveniente el sistema oral y público para los juicios, pues

"en materia de organización de los tribunales, nosotros hemos sostenido que la Constitución debe contener normas generales, que permita a la Legislatura dictar las leyes más convenientes y oportunas, y si se hace un ensayo que no de resultado en la práctica, pueda rectificarlo con una nueva ley. No queremos dejar impresas en la Constitución cláusulas definitivas sobre una institución que si no diera resultado, la Legislatura no estaría en condiciones de cambiar".[42]

Daba ejemplos para justificar la necesidad de tener en cuenta "el fracaso posible de la institución" por lo que no podían "en estos momentos lanzarnos a improvisaciones o ensayos que puedan ser inconvenientes". Votar en contra de la propuesta de Ojea no significaba "que mañana la

---

[42] *Debates de la Honorable Convención Constituyente de 1934*, Taller de Impresiones Oficiales, La Plata, 1936, p. 607-609.

Legislatura no pueda o no deba establecer el juicio oral". En ese momento eso era lo más conveniente y lo más necesario, a partir de una impresión, porque todavía no se había puesto en práctica ni en la Capital "que tenemos al lado y nos sirve de ejemplo para muchas cosas". El ensayo debía hacerse, y si era bueno mantenerlo y si es inconveniente modificarlo. El debate permite dimensionar que este proyecto y el código es parte de todo un proyecto iniciado con la reforma constitucional de 1934. Dejan los constituyentes abierta la posibilidad del juicio oral pero a través de leyes futuras.

La propuesta se trató en la sesión del 21 de noviembre de 1934. Ojea citó las palabras de Moreno "es de necesidad y de urgencia perentorias la instalación del sistema de procesamiento por medio de la justicia oral en la provincia de Buenos Aires". Moreno hacía votos para que la Legislatura de 1935 incorporara, como un honor para su legislación "este medio de juzgamiento que asegura la verdad y rapidez del fallo". El artículo propuesto fue rechazado. Según el espíritu de la Convención la organización judicial debía ser cambiada y la Legislatura debía encarar esa reforma, lo que comenzó con el decreto del Poder Ejecutivo del 5 de abril de 1935 designando la Comisión de Reformas. La transformación del sistema requería de un cambio completo en la organización judicial y la propuesta puede sintetizarse en este cuadro.

Justicia actual	Proyecto
Instrucción policial	Instrucción judicial
Procedimiento escrito	Juicio oral y público
Juzgamiento en varias instancias	Sentencia única

Para lograr esta transformación era necesario crear tribunales destinados a juzgar y sentenciar, organizar la instrucción y dar normas adecuadas para el Ministerio Fiscal. En esta tarea se presentaron problemas doctrinarios y prácticos, dado que un proyecto teórico, que no recurriese a los antecedentes, los hechos, las modalidades y las posibilidades estaba destinado a no sancionarse o a afrontar problemas en su aplicación. Por ello analizaron las circunstancias y los recursos con que contaba la provincia para la nueva organización judicial. Cuando se proyectan organismos ideales pueden aplicarse todos los adelantos y perfecciones, pero cuando se intenta poner en movimiento cambios concretos es necesario, teniendo presente lo enunciado por los publicistas y los científicos, considerar lo que es posible para el Estado que debe poner en práctica la reforma.

Desde esta perspectiva, el presupuesto de la provincia desalentaba toda reforma, por lo cual se plantearon si debía aconsejarse una modificación en la división departamental. En cada departamento debía instalarse un Tribunal con un fiscal o más, según el número de causas. Se pensó en reducir a cuatro los departamentos judiciales refundiendo juzgados y cámaras pero, teniendo en cuenta que la organización judicial debía obedecer a un sistema de descentralización se dejó de lado. Siguiendo el principio constitucional por el cual debían existir departamentos judiciales correspondiendo a la Legislatura su creación, el número debía aumentar y no disminuir, al ritmo del crecimiento de la población. La creación de los Departamentos fue la respuesta de la Legislatura en función de la necesidad y a los reclamos de las ciudades del interior. El mismo movimiento siguió la justicia federal con juzgados en Mercedes y Bahía Blanca y Cámara en Bahía y La Plata.

Se proyectó entonces la instalación de un Tribunal del Crimen en cada uno de los Departamentos con un Ministerio Fiscal propio. Los tribunales de Apelación en funcionamiento se conformaban de tres miembros y podían dictar sentencia con dos (ley de 21 de julio de 1914). Según esta tradición bastaría que cada Tribunal de juzgamiento se compusiera de tres miembros. En La Plata, que abarcaba la aglomeración bonaerense, serían necesarios dos o más tribunales. En el proyecto se estableció uno por departamento, pero los fijaría la ley de presupuesto, sin alterar la estructura de la nueva organización.

Proponen revisar la composición de partidos de cada departamento teniendo en cuanta la población, los medios de comunicación y las distancias entre cada uno de ellos y la de estos a la cabecera.

La Cámara o Tribunal del Crimen estaba destinada al juicio en instancia única. La instrucción debía ser realizada por otros funcionarios, que entregaran el material a quienes debían pronunciar el veredicto. La organización de estos funcionarios destinados a instruir era uno de los problemas más serios de la reforma proyectada. El ideal, inalcanzable por razones financieras, era una justicia de instrucción letrada para todo el territorio, con jueces en las ciudades cabecera y en los centros de población más importantes. Confiar la instrucción a la policía de seguridad, dependiente del Poder Ejecutivo, implicaría un retroceso, pues la justicia quedaría sujeta a las administraciones. Si bien se obtendría rapidez en la substanciación, se perdería prestigio de las instituciones.

"El principio que cuenta en esta materia con el apoyo de la ciencia jurídica y con el auspicio de los técnicos, es el que ofrece mayores garantías a la sociedad y a los individuos y que podría expresarse en concreto diciendo: justicia de instrucción letrada, con policía propia y la mayor descentralización posible".[43]

La función de instruir los procesos, que es de carácter profesional, se entregaría a funcionarios judiciales, capacitados por su título, con la independencia necesaria y con una policía judiciaria a sus órdenes. La descentralización pondría al magistrado en contacto directo e inmediato con las causas y los sujetos. Entre el ideal y el presupuesto optaron por un procedimiento que avanzara y fuera factible, conjugando los recursos de la provincia con las necesidades sentidas.

Dadas las dificultades que los magistrados tenían para hacerse cargo de los sumarios, proponían la creación de una magistratura de instrucción a cargo de jueces letrados con asiento en las ciudades cabeza de Departamento y de funcionarios auxiliares con título de competencia para la función, con sede en las ciudades y centros importantes de población. Esos funcionarios

---

[43] Proyecto Gómez-Moreno, p. 33.

reemplazarían a los comisarios de policía, tendrían estabilidad y actuarían con independencia. La policía de seguridad prestaría por su parte el concurso que fuera necesario a esos instructores. El Comisario de Policía dependía del Poder Ejecutivo, a través del Jefe de la repartición y cuando instruía sumarios del Juez respectivo. Entre las dos dependencias, siempre dominaba la administrativa desde que los jueces ni nombraban ni removían a los Comisarios.

El Comisario desempeña dos funciones desde que actúa, como empleado de la administración y como auxiliar de la justicia, creando el comisario instructor como funcionario especial y dándole estabilidad, se generaba una garantía segura en la instrucción, libre de influencias. Los Comisarios Instructores debían tener competencia necesaria para el ejercicio de su función, con título de doctor en derecho, abogado, escribano o procurador universitarios. Los comisarios instructores debían tener un sistema especial de remoción para darles estabilidad y garantía para su remoción, pues eran la base de la instrucción. No eran empleados de otros magistrados o funcionarios, sino auxiliares de la justicia y la Legislatura debía legislar sobre ellos.

Para la rapidez de la sustanciación era necesario que la ley orgánica fijase unas cuantas bases de las cuales los magistrados no podrían apartarse. Por ello proyectaban:

    a. La supresión del feriado judicial considerando que no es posible mantener a los inculpados de delito con sus procesos detenidos por el descanso del Tribunal.

    b. Medidas de fiscalización para asegurar el regular funcionamiento de la justicia.

    c. Autorización al Tribunal para dictar su reglamento, sin perjuicio del sometimiento a la ley y a las disposiciones que sancione la Corte Suprema de acuerdo con sus facultades constitucionales.

    d. El quorum de tres miembros o sea de todo el Tribunal para el juicio oral y el veredicto, y el de dos para pronunciarse en las apelaciones de los autos recurribles que dicten los jueces de instrucción. El procesado era siempre juzgado por tres jueces por lo menos, o sea el de primera instancia y dos de segunda. Con la exigencia proyectada se mantendría la garantía pues se contaría siempre con tres, tanto para los casos de apelación como para el juicio oral.

Es de destacar el cuidado que pusieron los autores del proyecto en la realización del juicio oral:

"El juicio oral, con su discusión pública, en la cual intervienen partes, letrados, peritos, apoderados y concurrentes, que pueden ser numerosos, tiene que ser cuidado en su desarrollo y en su pronunciamiento. Si los juicios se hacen teatrales, si las partes se ingenian para presentar los procesos bajo aspectos inconvenientes, si abusan de la sátira o de los golpes efectistas, si faltan a la consideración a los magistrados, a los testigos o a los demás intervinientes, el sistema puede desacreditarse y lo que se pensó un progreso transformase en un retroceso. Todo lo que se haga para dar a estos juicios una gran seriedad, será provechoso y contribuirá a crear el respeto público. En algunas partes, los juicios orales han servido para la exhibición de escándalos y abusos de ingenio, que han desprestigiado la institución. Los Tribunales encargados de cuidar el decoro de la justicia deben estar entonces para el éxito de estas formas nuevas, armados de facultades que les permitan hacerlas respetar. A esto tienden las autorizaciones para corregir disciplinariamente. Estas medidas deben usarse no sólo para cuidar el desarrollo de los juicios, sino el sistema mismo, reprimiendo a los que quieran perturbarlo, con recursos, medidas y argucias que le quiten eficacia".[44]

Todo esto estaba en función de la regla fundamental: la publicidad en los juicios. Las audiencias debían celebrarse a puertas abiertas, con la presencia de quien quisiera presenciarlas y "para que la opinión popular y periodística forme ambiente a los magistrados, a la dirección que impriman a los juicios y a sus resoluciones". Sólo por motivos excepcionales de moral y para evitar escándalos siempre perjudiciales, se autorizaba una audiencia sin presencia del público.

La determinación de los peritos oficiales, su número y sus especialidades deben ser fijados por la ley de presupuesto, de los delitos previstos y penados por el código. No sería posible en la nueva estructura crear cargos especiales de médicos legistas, calígrafos, químicos, armeros, etc., o sea los diversos peritos cuyos conocimientos técnicos se requieren en los juicios criminales. Por esto los empleados debían colaborar como peritos cuando fuera necesario.

---

[44] Proyecto Gómez-Moreno, p. 41.

El sistema de nueva organización judicial requeriría de inversiones, pero generaría ventajas incluso financieras, al superar la lentitud de la tramitación de los procesos criminales.

Tiempos autorizados por el Código de procedimientos:

Sumario	Tres meses
Acusación fiscal	12 días hábiles
Defensa	12 días hábiles
Prueba	40 días
Alegatos	3 días
Sentencia	20 días

En un proceso perfecto, en que se cumplen los términos y no haya incidencias, apelaciones, recusaciones, contienda de competencia o licencias del magistrado, la sentencia en primera instancia podía obtenerse a los siete meses. Si se agrega la apelación y el recurso extraordinario el tiempo no baja de dos años. Plazos que pueden alargarse si son varios los acusados y los defensores.

Si el acusado no tiene libertad provisoria o caución, permanece en la cárcel de detenidos generando un problema social y generando gastos al Estado. En las cárceles de detenidos, los procesados no se encontraban sometidos al trabajo, ni a la disciplina de los penales. El proceso oral y público aceleraría la tramitación, suprimiendo las incidencias y teniendo el acusado su absolución o su condena, disminuyendo los costos en el mantenimiento de cárceles y eliminando "esos lugares de ocio".

La provincia contaba entonces con dos penales, el de Sierra Chica y el de La Plata; ocho cárceles de detenidos (tres de La Plata y una en cada uno de los cinco departamentos de campaña). Además tenía en la Capital cárcel para menores procesados, y condenados y otra para mujeres en ambas condiciones. Debe además tenerse en cuenta que en cada comisaría de distrito se alojaban procesados mientras durara el sumario de prevención policial. Todo este detalle buscaba dar fortaleza a los argumentos en la rapidez del proceso oral, haciéndose más justicia y rigiendo principios más humanos para los acusados y de mayor seguridad para el medio social afectado por el delito.

3. La organización de la justicia en materia penal

El proyecto se asentaba no sólo en las respuestas obtenidas sino también en los fundamentos teóricos y en la experiencia de los autores. En función de ello la administración de justicia en materia penal requería de tribunales colegiados, jueces y funcionarios auxiliares. Cada uno de los seis departamentos judiciales con sede en La Plata, Mercedes, San Nicolás, Dolores, Bahía Blanca y Azul debía tener al menos un Tribunal y la cantidad de tribunales en cada uno de ellos sería establecida por la ley de presupuesto. Entendemos que esta "medida" quedaba fuertemente influenciada por decisiones políticas, ya que si bien en principio la creación de cargos estaba directamente relacionada con la cantidad de habitantes y la conflictividad de cada distrito, ciertamente en muchos casos obedecía a otro tipo de presiones internas y externas.

Cada Tribunal del Crimen tendría tres miembros, nombrados según el art. 167 y removidos según el art. 172 de la Constitución provincial. Funcionarían en la cabecera departamental pudiendo trasladarse al lugar en que se había cometido el delito de ser necesario. Designarían un presidente y un vicepresidente por sorteo, por un año, pasando el vice a presidente y el vocal a vice, continuando con la rotación. Las licencias a los miembros serían acordadas por la Suprema Corte. La inasistencia a dos acuerdos sin licencia reputaba falta grave y el Procurador General debía acusarlos ante el Jurado de Magistrados y la Suprema Corte para adoptar las medidas disciplinarias convenientes. El Tribunal estaba sujeto al Reglamento de la Corte y podía dictar su reglamento interno. Funcionaría todo el año sin feriado.

Estas opciones estructurales tomaron algunas cuestiones ya establecidas, como la rotación anual de la presidencia, la posibilidad de darse un reglamento y la sujeción a la superintendencia de la Suprema Corte; pero también incorporaba el funcionamiento continuo de la justicia penal que hasta el momento estaba sujeta a los turnos establecidos en las ferias. Igualmente le daba a cada tribunal cierta independencia de acción *ad intra* concediéndole prerrogativas en el manejo del personal y de las audiencias.

Cada tribunal tendría un secretario abogado y los empleados que determinara la ley de presupuesto, designados y separados de sus cargos –previo sumario y por causas justificadas- por el Tribunal al que correspondían, con potestad de tomar medidas disciplinarias como apercibimiento o suspensión, que de durar más de 15 días requería de reemplazante. El Tribunal tendría a su cargo las medidas relativas a la organización del personal, concesión de licencias (más de un mes debían nombrar reemplazante temporal) y designaciones de carácter provisional. No podían formar parte del Tribunal los parientes en línea ascendente y descendente, de cualquier grado, y los parientes en línea colateral, dentro del cuarto grado de consanguinidad y tercero de afinidad.

Los magistrados podían imponer a todas las personas que intervinieran en los juicios correcciones disciplinarias (apercibimiento, multa, detención hasta 10 días) por falta de respeto, desobediencia, obstrucción al procedimiento y regularidad de los juicios, falta de decoro, injurias.

En cada Tribunal se llevaría por el secretario un libro a disposición del público, donde constasen los acuerdos y audiencias celebrados, los miembros asistentes, la causa de inasistencia, la hora de apertura y clausura, los asuntos entrados a despacho, los tratados y resueltos y los postergados.

El Tribunal del Crimen juzgaría en juicio oral y público a las personas imputadas de haber incurrido en delito dentro de las reglas establecidas por el Código de procedimientos en materia penal (CPP). Para dictar sentencia debían concurrir los tres jueces o sus reemplazantes legales. Para las apelaciones bastaban dos con conformidad de opinión. En caso de impedimento para intervenir los miembros serían reemplazados por los miembros de otro Tribunal del Crimen o por los camaristas civiles. De no poder formarse el Tribunal del Crimen se enviaría la causa a otro Departamento en orden correlativo: Capital, Norte, Sud, Costa Sud y Sud Oeste. Conocería en grado de apelación de las resoluciones de los jueces de instrucción conforme al CPP.

Las audiencias eran públicas, salvo que creyesen conveniente hacerlo privado. Podían impedir la concurrencia de menores y de mujeres, según el caso. En la sala de audiencia debían colocarse carteles con las disposiciones sobre falso testimonio y desacato. Se fijarían tres días de audiencia en cada semana para la substanciación de las causas en juicio oral y público de acuerdo con las reglas procesales. La competencia de los magistrados creados por esta ley se extendía al conocimiento, instrucción y juzgamiento de todos los delitos previstos y penados por el Código Penal.

Los Juzgados de Instrucción repetían las decisiones tomadas para los tribunales, con menos potestades. Funcionarían en cada departamento según el número que fijara el presupuesto y los jueces de instrucción serían nombrados según el art. 167 y removidos según el art. 172 de la Constitución provincial y preceptos de la ley de enjuiciamiento de magistrados. Cada juez de instrucción tendría un secretario abogado o escribano y los empleados que determinara la ley de presupuesto, nombrados y removidos, mediando causa, por la Suprema Corte a propuesta y pedido del juez. El juez tenía autoridad de apercibir y suspender a sus empleados hasta cinco días. El secretario debía ser suspendido por la Suprema Corte con causa fundada y a pedido del juez. Las licencias serían concedidas por la Corte previo informe del juez. Si era por más de un mes debía tener reemplazo.

Los jueces de instrucción debían instruir los sumarios según el CPP con las atribuciones y deberes que prescribía. La instrucción podía ser realizada en forma directa y personal por el juez o por medio de funcionarios auxiliares. Conocían en apelación de la ley de faltas, haciendo su resolución cosa juzgada. Podían imponer a todas las personas que intervinieran en los juicios correcciones disciplinarias (apercibimiento, multa, detención hasta 10 días) por falta de respeto, desobediencia, obstrucción al procedimiento y regularidad de los juicios, falta de decoro, injurias. Las correcciones podían ser apeladas al Tribunal del Crimen.

Se reemplazarían los jueces de instrucción entre sí en caso de impedimento; si había uno solo lo haría el juez civil del departamento y si no había se recurriría a otro departamento según orden.

En cada distrito habría por lo menos un comisario instructor, encargado del sumario de prevención en la forma y bajo las disposiciones establecidas en el Código de procedimiento en materia penal.[45] El comisario instructor debía tener título de doctor en jurisprudencia y ciencias sociales, abogado, escribano o procurador universitario. Actuarían teniendo como auxiliares a los empleados de la policía de seguridad. Sus atribuciones y deberes eran los indicados en el Código de procedimiento penal y en la ley de faltas.

Su nombramiento lo realizaba el Poder Ejecutivo y la remoción requería causa justificada y podía ser realizada por el Poder Ejecutivo con acuerdo del tribunal o a solicitud del tribunal con opinión unánime de los tres miembros. En el primer caso, establecida la causal debía el Poder Eje-

---

[45] Proyecto de ley: *Código de procedimientos en materia penal*. Buenos Aires (Argentina), Eusebio Gómez, Rodolfo Moreno, Buenos Aires. Comisión de Reformas en Materia Procesal, Carcelaria y de Menores, Taller de impresiones oficiales, 1935

cutivo dirigirse al tribunal y requerir acuerdo, no pudiendo ser efectiva la separación sin este requisito. Si el tribunal aprobaba la separación debía el Poder Ejecutivo decretarla. En este caso el tribunal podía suspender al comisario instructor.

El Ministerio Público sería ejercido por fiscales, agentes fiscales y defensores de pobres, nombrados por el Poder Ejecutivo con acuerdo del Senado y removidos según art. 172 de la Constitución Provincial. En cada Departamento Judicial habría por lo menos un agente fiscal del crimen.

Las funciones de los fiscales y agentes fiscales serían:

1. promover la averiguación de todo delito y el enjuiciamiento de los autores dentro del Departamento en que desempeñen su función, debiendo requerir las medidas necesarias ante los jueces de instrucción o funcionarios instructor. Debía tomarse la iniciativa ante la noticia del delito, a excepción de los que correspondía acción privada;
2. asistir al examen de testigos y verificación de toda clase de pruebas;
3. ejercitar todas las acciones y recursos autorizados por el CPP;

4. velar por el cumplimiento del CPP en la sustanciación de los procesos;
5. intervenir en la instrucción de sumarios como parte;
6. asumir en los juicios la función de acusador público.

Si en el Departamento había fiscales y agentes fiscales los primeros actuaban ante el tribunal y los segundos ante la justicia de instrucción.

En cada Departamento Judicial habría por lo menos un defensor de pobres, encargado de defender a los procesados que no tuvieran medios de costearse un defensor particular. Si todos los funcionarios del Ministerio Público encargados de la defensa estuvieran impedidos el Tribunal designaría un abogado de la matrícula a cargo de desempeñar el cargo gratuitamente. El personal dependiente de los fiscales y defensores era designado y removido por la Suprema Corte a propuesta de los funcionarios. Fiscales y defensores tendrían autoridad de apercibir y suspender a sus empleados hasta cinco días. Las licencias serían concedidas por la Corte previo informe. Si era por más de un mes debía tener reemplazo.

La ley de presupuesto debía crear los peritos oficiales necesarios. Todo funcionario público estaba obligado a prestar su concurso como perito según su título profesional y su competencia; la negativa implicaba separación del cargo.[46]

III. Conclusiones

Como dijimos, la doctrina procesal argentina atravesó un proceso de recepción temprana de la oralidad. El texto constitucional sancionado por el Congreso el 22 de abril de 1819 declaraba el derecho de ser juzgado por jueces "los más libres, independientes e imparciales que sea dado a la condición de las cosas humanas." El cuerpo legislativo debía encargarse de poner en funcionamiento el juicio por jurados, en cuanto lo permitieran las circunstancias. Ciertamente, al igual que otros derechos, quedaba declarado en la letra pero llevaría años alcanzarlo en la práctica.

De hecho el juicio por jurado fue descartado como opción, aduciendo fundamentalmente las características culturales de la sociedad, que no

---

[46] Sobre la formación de un cuerpo de peritos y la disponibilidad de todo funcionario público de realizar pericias sin retribución ver Corva, María Angélica, "La conformación de un cuerpo pericial de profesionales científicos para la administración de justicia de la provincia de Buenos Aires (1930-1955)", *Coloquio Ciencia y Justicia. Construir la nación, siglos XIX-XX*, Museo Benjamín Vicuña Mackenna, Santiago de Chile, 13 al 15 de junio.

estaba preparada para este sistema de juzgamiento. En este "movimiento hacia la oralidad" que se generó en los años treinta la provincia de Córdoba logró implementar el juicio oral pero la provincia de Buenos Aires fracasó a pesar del minucioso proyecto que hemos presentado.

Insistimos en que nuestra aspiración aquí es presentar el tema a través del conocimiento de un proyecto concreto y su fracaso, que tenía por objetivo implantar el proceso oral en el contexto de un proyecto mucho más ambicioso que tenía por meta cumplir con los preceptos constitucionales reformando todo el sistema penal provincial. Para comprender dicho fracaso una pista tal vez podríamos encontrarla siguiendo el proceso argumentativo de los expertos hacia la oralidad, poniendo especial atención en la influencia de la dogmática jurídica penal alemana y las condiciones de la movilización de los saberes hacia el espacio institucional.

Otra pista a seguir son los lineamientos que surgen de las respuestas a la encuesta enviada por Gómez y Moreno. Todos coinciden en optar por el juicio oral y en la necesidad de dar forma a una figura que estuviera a cargo del sumario, tarea de la que se debía excluir a la policía. Para algunos debía crearse una policía judicial; otros proponían la creación de un cuerpo de inspectores sumariantes integrado por letrados; otro iba más lejos postulando un cuerpo de inspectores sumariantes con título de escribano, a las órdenes de los jueces del crimen y nombrados por la Suprema Corte de Justicia. A estas ideas un agente fiscal agregó la sugerencia de constituir al Ministerio Público como una magistratura especial con facultades de ordenar la investigación de delitos a la Policía Judicial. El proyecto optó por una estructura más compleja de jueces de instrucción y comisarios instructores. Sin dudas esta etapa del sumario sigue siendo un punto neurálgico y conflictivo en el proceso penal.

No podemos aun explicar por qué todo este esfuerzo quedó en la nada, pero al menos hemos sentado las bases para comenzar a echar luz sobre esta cuestión tan vital e impostergable en nuestra sociedad.

Capitulo Segundo

De leyes, formaciones académicas y normas procesales: las reglas de ejecución penitenciaria en la legislación de enjuiciamiento criminal de Córdoba (1887/1939)

José Daniel Cesano

"Cambiar una costumbre, modificar una práctica consuetudinaria, contrariar una modalidad social, brotada y enriquecida por la experiencia, es tarea delicada. Toda reforma, para resultar fructífera, ha de basarse en la necesidad y ha de ser hecha con cautela y previsión. Sólo así se evitarán las sorpresas de aquel navegante de Chesterton, que parte a descubrir el mundo y después de una vuelta circular se encuentra, de nuevo, en las costas de su propio país..." (Artemio Moreno, 1939)

I. Introducción

Actualmente, las legislaciones procesales penales vigentes en nuestro país, consagran el principio que, la ejecución de la pena impuesta por una sentencia condenatoria, constituye una etapa del proceso que se encuentra bajo la competencia del poder judicial[47].

¿Siempre fue esto así?; en su caso ¿a partir de cuando?

Uno de los propósitos de este trabajo es dar respuesta de estas cuestiones; prestando especial atención a lo sucedido en la provincia de Córdoba.

Para cumplir este objetivo comenzaremos por describir cómo se regulaba la ejecución de la sentencia penal a partir del primer código procesal penal vigente en Córdoba. Luego nos detendremos en algunas de las propuestas legislativas que se realizaron al respecto; especialmente, los proyectos de reforma integral de Enrique Martínez Paz, Julio Rodríguez de la Torre y, finalmente,

---

[47] Sobre la judicialización de la etapa de ejecución penal, cfr. Cesano, José Daniel, *Los objetivos constitucionales de la ejecución penitenciaria,* Alveroni Ediciones, Córdoba, 1997, pp. 153/163 y Cesano, José Daniel, *Derecho penitenciario. Aproximación a sus fundamentos*, Alveroni Ediciones, Córdoba, 2007, p. 124 y siguientes.

el de Alfredo Vélez Mariconde y Sebastián Soler; documento, éste último, que fue sancionado, por la legislatura provincial, en la sesión de la Cámara de Diputados del 22 de agosto de 1939; convirtiéndose así, a partir del 28 de febrero de 1940, en el nuevo digesto provincial.

Este Código representó, en su momento, un notable avance para la cultura jurídica argentina al introducir, entre otras innovaciones significativas, la oralidad en nuestro proceso penal.

¿Cuál fue la incidencia de este Código en relación a la regulación de la etapa ejecutiva de la pena?

La pregunta constituye igualmente uno de los propósitos de esta indagación.

Finalmente, junto a estos interrogantes, también pretendemos escrutar cómo se diseñó la preparación académica de los abogados cordobeses en relación a esta temática. Este tópico lo consideramos relevante en la medida que la concepción que reflejaba aquella enseñanza, indudablemente puede ser útil para captar la forma en que se ejercieron roles vinculados con el quehacer de la ejecución de la pena privativa de libertad; cuestión de diseño educativo, pero que, indiscutiblemente también se ve condicionada el material normativo, regulador de estas cuestiones.

II. La ejecución penal de la sentencia en la legislación procesal penal de Córdoba anterior a la sanción del Código Procesal penal de 1939

La Constitución Provincial de 1870 establecía, entre las atribuciones del poder legislativo, la de dictar el código de procedimientos para los tribunales de la provincia (artículo 86, inciso 29); con lo cual, quedó fijada aquella competencia no delegada, para cuya puesta en acto se hizo necesario la redacción de diversos cuerpos legales.

En lo que concierne a la codificación procesal penal, en 1886 se encomendó a José R. Ibáñez y Juan Bialet Massé la redacción de un código de procedimientos en lo criminal y correccional. Los autores, finalizado el texto, lo elevaron al ministro de gobierno, justicia y culto, Ramón J. Cárcano, con fecha 31 de agosto de 1886.

Dicho documento, con algunas modificaciones, fue sancionado por la legislatura, a través de la ley 1.079, como Código de Procedimientos en lo Criminal para la Provincia de Córdoba, el 9 de septiembre de 1887, durante la administración de Ambrosio Olmos.

Ibáñez y Bialet Massé reconocían como fuentes inmediatas de su texto al proyecto de Manuel Obarrio, para la Capital Federal (de 1882) y a la revisión del mismo hecha por Onésimo Leguizamón, Filemón Posse y Juan E. Barra[48]. En forma mediata, puede advertirse claramente la incidencia del Código Procesal Penal español, promulgado por Real Decreto del 22 de diciembre de 1872, el cual fue una de las principales fuentes que había utilizado Obarrio y que en España fue derogado diez años después.

El Código, a su vez, con fecha 6 de noviembre del año 1889, fue modificado por la ley nº 1.190; la que comenzó a regir a partir del 1º de enero de 1890[49]. Entre las reformas realizadas caben destacar: la supresión del capítulo de la

---

[48] Levaggi, Abelardo, "La codificación del procedimiento criminal en la Argentina en la segunda mitad del siglo XIX", en *Revista de Historia del Derecho*, Nº 11, Instituto de Investigaciones de Historia del Derecho, Bs. As., 1983, p. 173. Así lo reconocen los propios proyectistas en la nota de elevación del documento presentado. Al respecto, cfr. *Código de procedimiento en lo criminal. Proyectado por los Dres. José R. Ibáñez y J. Bialet Massé*, Córdoba, Talleres Tipográficos de "El Interior", 1886, p. 4.

[49] Cfr. Tinti, Pedro León – Marengo, Carmen Nydia, *Córdoba y su Justicia. 1573 – 1926,* Edición Poder judicial de la Provincia de Córdoba, Centro de Perfeccionamiento Ricardo C. Núñez, Córdoba, 2001, p. 155.

querella, la transformación sustancial del procedimiento para el hábeas corpus y la competencia adjudicada, por el artículo 44, al Tribunal Superior, para conocer, en grado de apelación o consulta, de las sentencias en que se imponga pena de muerte, presidio o penitenciaría por tiempo indeterminado y en grado de apelación solamente de aquellas en que se impongan más de diez años de presidio o penitenciaría[50]. La materia ejecutiva, sin embargo, no sufrió modificaciones por parte de la ley 1190; aún cuando, en razón de las otras enmiendas que acabamos de mencionar, la numeración original del texto sancionado en 1887, no se mantuvo.

¿Cómo se regulaba la ejecución de la sentencia penal en este texto?

El Titulo VIII del Libro Tercero se ocupaba de la materia, bajo el siguiente epígrafe: "De la ejecución de las sentencias".

En lo concerniente a las penas privativas de libertad sólo había, dentro de ese Título un único artículo. La previsión en cuestión disponía: "Las penas de presidio, penitenciaría, prisión y arresto, se harán saber á las autoridades encargadas de la dirección del establecimiento en que deban cumplirse esas condenas, con inclusión de

---

[50] Tinti – Marengo, *Córdoba y su Justicia. 1573 – 1926,* op. cit., p. 155.

un testimonio literal de la sentencia, á los efectos determinados respecto de cada una de ellas en el Código Penal"[51].

Sin embargo, la técnica del Código se caracterizó por introducir, en su Libro Cuarto, un Título VIII (según el ordenamiento de la ley de 1890), que contenía algunas reglas de interés en relación a esta temática. El Título en cuestión se denominaba "De las prisiones y de las visitas de los presos".

Este subsistema normativo contenía previsiones dirigidas, especialmente, a los directores de los establecimientos carcelarios y que se orientaban a fijar algunas de sus obligaciones en relación a las personas privadas de libertad; tales como: la forma en que debían actuar en caso de detectar, en los internos, una enfermedad mental; cuidar de que se cumpla la incomunicación de los procesados, decretada por el juez; deber de informar

---

[51] Artículo 546, *Código de procedimiento en lo criminal. Proyectado por los Dres. José R. Ibáñez y J. Bialet Massé*, op. cit.; artículo 500, Código de Procedimientos en lo Criminal de la Provincia de Córdoba, con las modificaciones de la ley 1.190, en *Ley orgánica de los Tribunales. Códigos de Procedimientos en lo Civil, Comercial y Penal de la Provincia de Córdoba. Edición oficial,* Córdoba, Imprenta Argentina, 1916. En lo sucesivo utilizaremos esta última edición, de acuerdo a la numeración de su articulado.

al órgano jurisdiccional el estado de enfermedad, muerte o evasión de los presos y cuidar que "los presos se mantengan separados en cuanto sea posible, según sus antecedentes personales y la naturaleza y gravedad de los delitos que se les imputa"; especialmente debían prever un departamento "para los niños o jóvenes que entren en ellas, debiendo los alcaides velar (…) para que no estén en contacto inmediato con los presuntos criminales de otra edad".

Asimismo se regulaba la institución de la visita de cáceles por parte del juez de instrucción; la cual tenía por objeto "conocer el estado de los presos y oír las reclamaciones que éstos hagan sobre el tratamiento que reciban en el establecimiento, y las peticiones que directamente formulen sobre el estado de las causas". De acuerdo al artículo 563, estas visitas eran facultativas; lo que puede inferirse del verbo con el que el legislador diseñó el precepto ("podrá", decía la norma). Por el contrario, eran de carácter obligatorias las visitas mensuales por parte de uno de los miembros de la Sala de lo Criminal y las trimestrales por parte del Tribunal Superior.

Tres aspectos resultan de interés para perfilar la naturaleza de la etapa ejecutiva:

En primer lugar, que las previsiones descritas parecen poner un énfasis particular en la situación legal de los procesados. Más allá de algunas reglas que también mencionan a los condenados, la preocupación central del Título se refiere a los cautelados.

En segundo lugar la escasa visibilidad que se observa, en esta parte de la regulación, respecto al rol del defensor. En rigor, las únicas previsiones contenidas en el Título se vinculan con la atribución de los letrados para "conferenciar libremente con sus defendidos", luego de cesar la incomunicación; sin que pueda obstaculizar su ministerio "las disposiciones reglamentarias del establecimiento" y a la de acompañar, a las visitas trimestrales realizadas por el Tribunal Superior, junto con los jueces del crimen, los de paz y el Ministerio Fiscal.

Finalmente – y esto es muy significativo – la legislación parece no haber querido definir cuales son los ámbitos de competencia específicos en esta materia, entre el poder administrador y el judicial.

En efecto, uno de los artículos más importantes de este Título – el 562 – enumera una serie de resguardos en relación a las condiciones de privación de libertad vinculadas a: los establecimientos, su seguridad e higiene; la alimentación; la salud; la preservación a la persona privada de su libertad de los rigores climáticos; de que el tratamiento de los presos "corresponda á los reglamentos dictados para los mismos establecimientos por la autoridad competente"; de que no se aplique a los internos rigores ni mortificaciones; etcétera.

Ahora bien lo interesante de este texto es que no determina la autoridad a la que correspondía velar por el cumplimiento de aquellos resguardos sino que, el acápite inicial, de manera imprecisa, se limitaba a señalar que: "Las autoridades judiciales y administrativas", cuidarán del cumplimiento, "en lo que respectivamente les concierne".

Básicamente el texto que sustituyó el Código de Alfredo Vélez Mariconde y Sebastián Soler, fue aquel que resultó de la citada enmienda de la ley 1.190[52].

Sin embargo, no debe pensarse que, desde 1890 hasta 1937 – en donde da inició el proceso que epilogaría en la sanción del nuevo código – aquella legislación procesal no fue blanco de críticas.

---

[52] Así lo señalan, Tinti – Marengo, *Córdoba y su Justicia. 1573 – 1926,* op. cit., p. 155: "El Código de los Dres. Ibáñez y Bialet Massé rigió el procedimiento criminal de la Provincia de Córdoba hasta 1939, año en que se sancionó el redactado por los Dres. Alfredo Vélez Mariconde y Sebastián Soler, y por su medio sobrevivieron formas jurídicas discrepantes con el régimen político establecido por la Constitución de 1853, formas que cuando fue redactado el Código, la propia España había abandonado al sancionar la reforma procesal en 1882".

Por el contrario, los intentos de reforma proliferaron; enfatizándose – como una de las censuras más comunes – la marcada fidelidad del texto de Ibáñez y Bialet Massé a la codificación procesal penal española de 1872; con los defectos que ésta entrañaba. En efecto, si bien se reconocía el avance que representó el proceso de unificación legislativa que supuso el Código, especialmente frente a la heterogeneidad y coexistencia de fuentes de muy diversa procedencia y cronología, las estructuras del modelo inspirador, de fuerte tono inquisitivo, fueron objeto de cuestionamiento y, de hecho, en la propia España, resultaron sustituidas por la ley de 1882. En este sentido, en uno de los proyectos presentados para modificar el texto de 1887, se señalaba lo anacrónico que era el sistema "reproducido" por aquella ley que, como ya lo señalamos, era el del antiguo sistema español[53].

---

[53] Cfr. Rodríguez de la Torre, Julio, Proyecto de Código de Procedimiento en lo criminal para la Provincia de Córdoba, *Revista de la Universidad Nacional de Córdoba,* Núm. 2/3/4 (9): Abril, Mayo, Junio 1922, p. 204. También criticó el Código de 1887 Enrique Martínez Paz, "El procedimiento penal y el proyecto de Código de 1918", en Enrique Martínez Paz, *Proyecto de Código de procedimientos en materia penal para la provincia de Córdoba*, Córdoba, sin pie de imprenta, 1918, p.259: "Mas tarde, cuando la constitución definitiva del país hacía incompatible la vigencia de los códigos españoles con los derechos y libertades proclamados se pensó en la necesidad

A este motivo, se añadirían otros dos; concretamente: a) a partir de 1922, la sustitución del Código Penal de 1887, por el de 1921[54], cuerpo sustantivo que requería de la adecuación procesal, para el funcionamiento de algunas de sus reglas, por parte de las normativas provinciales[55] y b) la reforma de la constitución provincial, en 1923, que introducía enmiendas vinculadas con el funcionamiento y estructura del Poder Judicial[56].

---

de revisar las leyes vigentes para darnos nuestras propias leyes; todos estos esfuerzos no alcanzaron resultado eficaz; los nuevos códigos no fueron sino copias no disimuladas de otros códigos españoles de una época de decadencia".

[54] Sobre este texto, cfr. Cesano, José Daniel, *Rodolfo Moreno (H), su mundo parlamentario y el proceso de codificación penal argentino*, Ed. Brujas, Córdoba, 2018.

[55] De hecho, la Legislatura Provincial se transformó en caja de resonancia de algunas cuestiones que surgidas del nuevo código nacional exigían cierta adecuación procesal. Un ejemplo de ello lo constituye el proyecto de ley que establecía el procedimiento a seguir en los juicios revisorios a los efectos del artículo 2, inciso 2, del Código penal (ley más benigna) y para la aplicación de la libertad condicional. Al respecto, cfr., *Diario de Sesiones de la Cámara de Senadores*, 19ª Sesión Ordinaria, 24 de agosto de 1922, p. 647 y siguientes.

[56] En tal sentido, el Gobernador Julio A. Roca expresaba en su discurso ante la Asamblea Legislativa de 1924: "La creación del Tribunal Superior de Justicia ha determinado la necesidad de modificar los Códigos de Procedimientos en lo Civil y en lo Criminal a fin de fijar las normas a que ha de ajustarse la sustanciación de los nuevos recursos de su competencia" (cfr. *Mensaje del Gobernador de la Provincia de Córdoba Dr. Julio A. Roca. Leído ante la Asamblea Legislativa al inaugurarse*

En este clima reformista destacan dos proyectos, que se muestran especialmente relevantes por la jerarquía intelectual de sus realizadores –dos catedráticos destacados de la Facultad de Derecho de la Universidad de Córdoba, con una relevante trayectoria y reconocimiento académicos –: Enrique Martínez Paz y Julio Rodríguez de la Torre.

El 17 de mayo de 1918, durante la administración de Julio C. Borda, Enrique Martínez Paz elevó un nuevo proyecto de reforma integral[57]. El proyecto fue enviado a la legislatura en 1918; no obstante no tuvo tratamiento parlamentario expreso por cuanto, al momento en que se pretendía considerarlo, ya había entrado en vigencia el nuevo Código Penal de la Nación (1922); lo que, en opinión de ciertos legisladores, volvió anacrónicas algunas de las disposiciones del proyecto a la luz de la reciente regulación sustantiva[58]. Junto a este dato objetivo, tampoco debería pasarse por

---

el período ordinario de sesiones del año 1924, sin pie de imprenta, Córdoba, 1924, p. 6).

[57] Martínez Paz, Enrique, *Proyecto de Código de procedimientos en materia penal para la provincia de Córdoba*, Córdoba, sin pie de imprenta, 1918.

[58] Así lo dijeron los diputados C. Suárez Pinto y Horacio S. Valdés, en la sesión del 23 de junio de 1922, *Diario de Sesiones de la Cámara de Diputados,* N° 12, Tipográfica A. Biffignandi, Córdoba, 1922, pp. 279 y 295, respectivamente.

alto, como factor explicativo de la falta de sanción de este proyecto, el cambio en la orientación política de la gobernación cordobesa ya que, si al momento de su presentación la administración era de extracción radical, un año más tarde hombres del Partido Demócrata ocuparían la primera magistratura[59].

Poco menos de cuatro años después, el profesor de Derecho Penal de la Universidad Nacional de Córdoba, Julio Rodríguez de la Torre, con fecha 22 de marzo de 1922, elevó un anteproyecto al Ministro de Gobierno, Justicia, Culto e Instrucción Pública, Doctor Benjamín Achaval. El 3 de abril, el Poder Ejecutivo hizo suyo el texto y remitió el proyecto a la Cámara de senadores, la cual lo giró a su

---

[59] En efecto, el 17 de mayo de 1919, tras la renuncia de Rafael Núñez, Jerónimo del Barco asumió la gobernación; detentando este cargo hasta el 17/5/22; en donde fue elegido otro político de extracción demócrata, Julio A. Roca. En relación a este período de la historia política cordobesa se ha señalado que: "Los demócratas fueron derrotados por la UCR en 1915, pero retomaron el ejecutivo provincial en 1919 de la mano de Rafael Núñez, líder representativo de los sectores más conservadores del partido, quienes por entonces experimentaban un creciente temor ante el impacto de la Reforma Universitaria y la agudización de la conflictividad social. El Partido Demócrata se mantuvo en el poder durante tres gobernaciones sucesivas" (cfr. Ortiz Bergia, María José – Reyna, Franco D. – Portelli, María Belén – Moretti, Nicolás D., *Procesos amplios, miradas locales. Una historia de Córdoba entre 1880 y 1955*, Centro de Estudios Históricos "Prof. Carlos S. A. Segreti", Córdoba, 2015, p. 53).

Comisión de Legislación y Negocios Constitucionales[60]. El mismo tampoco fue sancionado, al quedar atascado en la Cámara de Diputados; en donde se generó un debate, ante la propuesta del diputado Rafael Moyano López tendente a que el Poder Ejecutivo procediese a nombrar otra comisión, no mayor a tres miembros, encargada de redactar un nuevo proyecto de Código de procedimientos en lo Criminal, la que debería tomar "como antecedentes los estudios y proyectos redactados con anterioridad a la presente, por encargo del mismo Poder Ejecutivo", entre los que se encontraba el texto redactado por Rodríguez de la Torre; al cual, algunos diputados, habían achacado deficiencias técnicas y una exagerada precipitación en su redacción[61].

---

[60] *Diario de Sesiones de la Cámara de Senadores*, 1ª sesión ordinaria, 5 de Mayo de 1922, Imprenta "La Minerva", Córdoba, 1923, p. 31.

[61] Sesión del 23 de junio de 1922, Diario de Sesiones de la Cámara de Diputados, N° 12, op. cit., p. 297, en donde el diputado Valdés señaló: "Parece que el proyecto del Dr. Julio Rodríguez de la Torre no está informado de ningún antecedente de legislación comparada, se ha limitado a hacer reformas que han nacido en su propia mente y que tal vez no tengan ambiente en ninguna parte"; en tanto que el diputado Moyano López indicó: "Hombre de reconocida competencia y autoridad, especialistas en la materia, me refiero al doctor Julio B. Echegaray, profesor de procedimientos penales en la Universidad de Córdoba, encuentra fallas en el mismo" (p. 285). Otro factor adicional que puede explicar el fracaso del tratamiento de este proyecto, se relaciona con el cambio de gobierno ocurrido en la Provincia. En efecto, el

Cabe entonces la pregunta de sí, estos textos, incluyeron un diseño diverso de la materia ejecutiva.

El proyecto de Martínez Paz, que en otras cuestiones se caracterizó por sus notorios avances, en el tema que nos ocupa no introdujo grandes innovaciones. Por de pronto la ejecución penal de la sentencia, en lo que atañe a las penas privativas de libertad incluyó una cláusula idéntica al artículo 500 del Código entonces vigente, respecto a la obligación del juez de remitir a la administración un testimonio literal de la sentencia (art. 491).

---

17 de mayo de 1922 – esto es, cuarenta y cuatro días después de la remisión a la legislatura – asume la primera magistratura Julio A. Roca. Y si bien Roca, al igual que su antecesor (Jerónimo del Barco), reconocían una misma filiación política (Partido Demócrata), no debe perderse de vista que esta continuidad no logró suprimir "las diferencias políticas e ideológicas que existían en el seno del partido" (cfr. Ortiz Bergia – Reyna – Portelli – Moretti, *Procesos amplios...*, op. cit., p. 53). A ello debe añadirse que el nuevo mandatario provincial, frente a la reforma constitucional, pretendió llevar a cabo un profundo proceso de modificación de la legislación orgánica y procesal; en la cual, su ministro de Gobierno (Guillermo Rothe) tendría un protagonismo muy relevante. De hecho, el nuevo mandatario, confiaría al ministro Rothe los proyectos de reforma de la Ley Orgánica del Poder Judicial y del Código de Procedimientos en lo Criminal. Poco tiempo después, y cuando Rothe había sido designado miembro del Tribunal Superior de Justicia de la provincia, también a él se le encomendaría la redacción de un proyecto de reforma del Código de procedimientos en lo Civil y Comercial.

Con todo, dos diferencias pueden observarse del cotejo entre el texto proyectado y el Código que pretendía sustituir: por una parte la ausencia de un Título destinado a las cárceles y visitas de presos y, por otro, la inclusión de una regulación expresa de la gracia.

Al momento de la elaboración de este proyecto, estaba vigente el Código penal de 1887. Tal digesto no contemplaba el instituto de la libertad condicional – el cual, como veremos enseguida, recién se regula en la ley 11.179 – sino que preveía la gracia. En la nota de elevación, Martínez Paz explicaba la necesidad de esta regulación indicando que: "El título relativo al derecho de gracia viene a llenar una necesidad evidente. El ejercicio de este derecho ha dado ocasión a graves conflictos. El Poder Ejecutivo ha entendido reiteradamente que le corresponde ese derecho que de ordinario es ejercido por los funcionarios judiciales. Prevenir este estado de inseguridad es, como se comprende, indispensable"[62]. Según su autor, el trámite diseñado no era otro que el que la práctica venía adoptando y aconsejando como bueno. Éste consistía en la presentación de la solicitud ante el juez o tribunal que hubiese fallado en primera instancia. Recibido el pedido, el

---

[62] Martínez Paz, Enrique, *Proyecto de Código...*, op. cit., p. 117.

juez, previo informe del director de la cárcel, resolvería; elevando su resolución en consulta a la Cámara de Apelaciones. Si se tratara de un condenado en juicio oral, la Cámara debía resolver sin otro trámite que el aludido informe (artículos 553 y 554).

A diferencia del proyecto de Martínez Paz, cuando Rodríguez de la Torre presentó el suyo en 1922, existía un nuevo Código Penal. Las nuevas reglas sustantivas se caracterizaron por introducir diversas instituciones que, en el digesto anterior, no se encontraban. Específicamente, y en orden a las penas privativas de libertad, éstas se dividieron únicamente en dos especies (reclusión y prisión) y se previeron algunas instituciones individualizadoras de la pena; una de ellas, con gran incidencia sobre la etapa ejecutiva: la libertad condicional. Es lógico, entonces, que este proyecto incluyera una regulación un poco más extensa en relación a esta materia.

En esa dirección destacaban, en primer término, los artículos 202 y 203 que se refería a las cárceles para penados. Las previsiones, concretamente, referían que en la cárcel de penados se cumplirán las penas privativas de la libertad según el sistema celular, con trabajo obligatorio y en común en los talleres, de acuerdo al código penal.

Por su parte, y respecto a la pena de reclusión, la misma podía provisoriamente cumplirse en la cárcel de penados, siempre que hubiese sido expresamente ordenada en la sentencia definitiva por los jueces respectivos.

Asimismo, junto a estas bases elementales para el régimen de los penados, se incluyó también previsiones relativas a los cautelados. Muchas de ellas ya estaban en la legislación procesal vigente. En rigor, la novedad mas interesante al respecto estuvo representada por la obligatoriedad, para los encausados y procesados, de concurrir a una escuela elemental para los analfabetos, o de instrucción notoriamente insuficiente, como también a los talleres de trabajos manuales, de objetos cuya confección sea susceptible de llevarse a cabo en el relativo corto tiempo de la prisión preventiva. Por muchas razones "de idiosincrasia y condiciones personales de los prevenidos, de moral, de higiene, de humanidad" – decía Rodríguez de la Torre – "no es posible, ni aconsejable, que se les mantenga en absoluta inacción, y ociosidad, durante todo el tiempo de la prisión preventiva. Para evitar las consecuencias de un estado semejante, y en procura de que esa gente tenga algún dinero para su familia, que la generalidad de las veces sufren miseria, establecemos el pequeño taller (por ejemplo, fábrica de escobas, plumeros, gorras, alpargatas y otros), en que el procesado pueda trabajar para vender lo que produzca. Es natural que el gobierno dará la materia prima, y la descontará al venderse lo manufacturado y reglamentará debidamente los talleres, y aún el trabajo mismo, pues los procesados - a imitación de los penados - podrán realizar trabajos encomendados de afuera por la industria libre".

Hemos dicho que la libertad condicional también constituyó una de las innovaciones más importantes respecto de la ejecución de la pena privativa de la libertad. Como consecuencia de ello – en palabras de su autor – el proyecto le da "una reglamentación puramente mecánica, y la somete a consulta de la Cámara de apelación. Para economizarle gastos al penado y evitar otras ulterioridades se establece que solo él y únicamente los defensores oficiales y el presidente, o secretario del patronato podrán gestionar su liberación condicional; excluyendo así toda otra representación". El texto analizado fijó, además, un trámite específico para resolver este pedido. Según el mismo, realizada la solicitud el juez pedirá informe al director del establecimiento penal respecto a la clase de condena que sufre el penado, el día en que empezó a cumplirse, la fecha en que termine, el tiempo que lleva cumplido de la pena y si durante ese tiempo ha observado los reglamentos carcelarios; si no es reincidente; si no ha tenido ninguna evasión o tentativa de ella, o no estuviese procesado por algún delito cometido en la prisión, o se le hubiera revocado una liberación anterior. Recibidos los informes se pasarán en vista al ministerio fiscal, por tres días improrrogables, y evacuada ésta, resolverá el juez, acordando la liberación o negándola, si no estuviese en las condiciones establecidas en código penal, o no hubiere tenido alguna evasión o tentativa, o cometido nuevo delito dentro del penal.

Un dato relevante es la falta de intervención, en este trámite, de la defensa. Si bien es cierto que, uno de los sujetos legitimados para realizar esa solicitud era el defensor, no puede soslayarse que dicha intervención era una de las posibilidades para iniciar el pedido, encontrándose también autorizado para ello, el propio penado y el presidente o secretario del patronato. Si se diesen algunas de estas hipótesis, el trámite respectivo se sustanciaba sin la intervención de un letrado defensor.

La regulación sustantiva estableció, en relación a la libertad condicional, la intervención del Patronato. Por tal razón, el proyecto también se ocupó de dicha institución. En la nota de elevación, Rodríguez de la Torre señalaba que "La provincia no tiene patronato de liberados. Existe una institución con el nombre de 'Patronato de presos' cuyos propósitos se caracterizan por la beneficiencia, más que por motivos de tutela jurídico-social a los liberados. A esa institución nos referimos en el proyecto, para que de acuerdo con el ministerio de justicia, ejerza provisoriamente, mientras se llena el vacío, alguno de los actos propios de los Patronatos e indispensables para la efectividad de la liberación condicional. Esa misma sociedad o institución podrá organizarse en forma y ser reconocida y reglamentada por el gobierno, a los efectos consiguientes. Momentáneamente podrá desenvolverse con la autorización que el proyecto confiere".

III. La preocupación formativa universitaria respecto de los aspectos procesales de la ejecución de la pena privativa de libertad

En términos generales y como un balance de lo que hasta aquí llevamos analizado, es posible observar dos cuestiones:

En primer lugar, que el tema de los aspectos procesales de la ejecución de las penas privativas de libertad carecía de gran visibilidad. Tanto en el Código procesal vigente como en el proyecto de 1918, el tratamiento de esta cuestión fue muy discreto; estableciéndose algunas reglas relativas a la materia; las cuales quedaron limitadas a determinar ciertas obligaciones estatales en orden a las condiciones de detención; sin delimitar, claramente, a qué poder competían estas obligaciones y, paradójicamente, poniendo un énfasis especial en la prisión preventiva; institución que, por supuesto, jurídicamente no se identificaba con las penas privativas de libertad. Es cierto que, en el malogrado proyecto de 1922, existió una mayor preocupación sobre estas cuestiones; más esto estuvo vinculado a la vigencia del nuevo código penal, recientemente sancionado; cuyas instituciones exigían de ciertas reglamentaciones procesales, que el proyecto receptaba.

En segundo lugar, y como un principio común tanto de la ley vigente como de los proyectos reformadores, se puede advertir una marcada despreocupación en relación al ejercicio de la defensa técnica durante la ejecución de la condena.

¿Qué lugar ocupaba, en la formación de los abogados cordobeses, la ejecución de la pena privativa de la libertad?; ¿es posible observar, en los ámbitos académicos, una actitud pareja a aquella apatía legislativa?

En investigaciones anteriores nos hemos detenido en parte de esta cuestión, integrando diversas disciplinas que se dictaban en la Facultad de Derecho de tres universidades argentinas (Buenos Aires, Córdoba y La Plata). En este sentido, las orientaciones que, respecto de esta materia, se daban en las Cátedras de Derecho penal, Derecho Administrativo y Derecho Procesal Penal y Organización Judicial de aquellas casas de estudio nos mostraban qué lugar ocupaba la temática en estas estructuras curriculares[63]. En esta oportuni-

---

[63] Núñez, Jorge A. – Cesano, José Daniel, "Juridical Approach to Imprisonment (1887-1955): Historiographical Notes on the Origin of Penitentiary Law in Argentine Universities", en Leila Cavalcanti Castro (Editora), *Criminal Law: Past, present and future* perspectives, Ed. Nova Science Publishers, New York, 2019, pp. 99/147.

dad nos detendremos exclusivamente en el saber procesal; cuya inteligencia requiere de la previa exposición de la perspectiva normativa que condicionaba la selección de los conocimientos que proponía la materia universitaria; cuestión analizada en el acápite precedente.

Los primeros programas de esta asignatura contienen una referencia genérica en orden a la ejecución de la sentencia penal; lo que indirectamente se vincula con las penas privativas de libertad en la medida que, entre las sanciones previstas por el Código penal de 1887, se establecía las de de presidio, penitenciaría, prisión y arresto[64]. Sin embargo, es a partir de 1925 cuando se comienza a dar mayor visibilidad a la cuestión carcelaria en esta asignatura. En efecto, sin dejar de considerarse la ejecución de las sentencias como parte de los contenidos curriculares, cuando la cátedra fue titularizada por Julio B. Echegaray, en una unidad de su programa incluyó como novedad los siguientes temas: "Prisiones. Inspección y visitas

---

[64] Así, el programa del catedrático Pedro N. Garzón, correspondiente al año 1915 (cfr. Archivo Histórico de la Facultad de Derecho. Universidad Nacional de Córdoba [en adelante AHD.UNC.] Libro 200021, *Programa de Procedimiento Teórico Practico en lo* Criminal, p. 11) establecía como uno de los contenidos de la bolilla XX, el tópico "Ejecución de las sentencias".

judiciales. Fuga de presos"[65]. Esta tendencia permaneció en el programa de Ernesto S. Peña, de 1930[66]. La inclusión de estos tópicos se explica a partir de la legislación procesal que, por entonces, regía; la cual, como lo hemos indicado, incluía un Título destinado a estas cuestiones.

No obstante la consideración de este tópico, el raquitismo del tratamiento de la regulación procesal de la ejecución de las penas privativas de libertad, pareció ser una constante.

¿A que se debió tal parquedad?

Una respuesta posible se vincula con cierta concepción teórica que veía a la ejecución más que como una etapa del proceso, como una actividad de corte eminentemente administrativo. De hecho, y como ya lo anticipamos, en la Universidad Nacional de Córdoba, la cuestión carcelaria (V.gr. régimen, establecimientos, etcétera) formó parte también de los contenidos curriculares de la asignatura Derecho administrativo.

---

[65] AHD.UNC. Libro 200030, *Programa de Organización Judicial y Procedimientos Penales, 1925,* p. 279.

[66] Cfr. Bolilla 19, cfr. AHD.UNC. Libro 200034, *Programa de Organización Judicial y Procedimientos Penales, 1930,* p. 10.

IV. Las reglas jurídicas sobre la ejecución de la pena privativa de la libertad en el Código Procesal Penal de Sebastián Soler y Alfredo Vélez Mariconde[67]

El 28 de agosto de 1939, el Poder Ejecutivo de la Provincia, a la sazón ejercido por Amadeo Sabattini, de extracción radical, promulgó el texto sancionado por la Cámara de Diputados y que había convertido en Código Procesal Penal de la Provincia, el proyecto elaborado por Alfredo Vélez Mariconde y Sebastián Soler; destacados juristas, que profesaban, respectivamente, en las Cátedras de Organización judicial y procedimiento penal y Derecho penal, en la Universidad Nacional de Córdoba[68].

---

[67] Vélez Mariconde y Soler también redactaron un proyecto de Código de Procedimiento Penal para la Capital Federal, que fue presentado por el Diputado José Peco, en 1943, a la Cámara de Diputados de la Nación. El proyecto no tuvo tratamiento parlamentario. Este texto seguía los lineamientos del Código Procesal Penal de la Provincia de Córdoba. Al respecto, cfr. *Proyecto de Código de Procedimiento Penal para la Capital Federal. Por los Doctores A. Vélez Mariconde y Sebastián Soler. Presentado a la H. Cámara de Diputados de la Nación por el señor Diputado Dr. José Peco*, Edición de la revista *Jurisprudencia Argentina*, Bs. As., 1943.

[68] Al respecto, cfr. Cesano, José Daniel, *Contexto político, opinión pública y perfiles intelectuales en el proceso de codificación procesal pena de la provincia de Córdoba (1937/1939)*, Ed. Lerner, Córdoba, 2017.

En la Exposición de Motivos[69], sus autores reconocían, en primer término, haber sistematizado, conforme al ejemplo de las legislaciones más modernas, la temática de la ejecución. Indicaban, además, que habían reglado "los incidentes de ejecución, materia totalmente extraña a la ley vigente", para entrar luego al tratamiento de las distintas partes de la sentencia que se ejecuta: la condenación penal, la civil y las costas, subdividiendo, en cada caso, la materia.

Con relación a las penas privativas de la libertad el Código reguló, también como una institución novedosa, el diferimiento de la pena, la cual podía tener lugar en dos casos: a) cuando debiera cumplirla una mujer embarazada o que tenga un hijo menor de seis meses y b) cuando el condenado se encontrase gravemente enfermo y la inmediata ejecución se hiciera imposible, sin poner en peligro su vida, de acuerdo al dictamen de peritos (art. 538).

De gran significación, especialmente si se lo compara con la legislación anterior y las orientaciones que caracterizaron a los intentos de reforma, fue la regulación expresa de los denominados

---

[69] Provincia de Córdoba. *Código de procedimiento penal. Ley 3831. Edición Oficial*, Talleres Gráficos de la Cárcel Penitenciaría de Córdoba, Córdoba, 1941.

incidentes de ejecución. Dos artículos del nuevo texto legal merecen aquí mencionarse. En primer lugar el artículo 532, según el cual, es competencia jurisdiccional – específicamente: del juez o tribunal encargado de la ejecución –, "resolver todas las cuestiones e incidentes que se susciten"; aclarando que, el presidente de la cámara, despacharía las cuestiones de mero trámite ejecutivo. Por otra parte, en el artículo siguiente se regulaba el trámite de esos incidentes, los cuales debían resolverse "previa vista al Ministerio Fiscal o a la parte interesada", en el término de diez días; pudiendo ser impugnado lo allí resuelto únicamente a través del recurso de casación; cuya interposición no suspendía la ejecución, salvo que así lo dispusiese el Tribunal que resolvió el incidente.

Finalmente, y pese a que uno de los aspectos centrales del nuevo código fue la introducción del juicio oral en instancia única, esta modalidad no se extendió a los incidentes de ejecución, los que continuaron realizándose bajo la forma escritural.

Durante la tramitación parlamentaria del proyecto, en la Cámara de Senadores, el miembro informante Juan S. Palmero, también destacó la innovación en esta materia, señalando que el texto en consideración, salvaba "indiscutibles omisiones del Código vigente".

¿Cuáles fueron las fuentes utilizadas por los proyectistas en estos temas?

Si lo novedoso estuvo representado por dar organicidad a la materia, a través de la configuración de los incidentes de ejecución y su trámite, es indudable que aquí, Vélez Mariconde y Soler abrevaron, como fuente interna, en el proyecto de Código Procesal Penal de la Nación elaborado por Mario Antelo[70]; en tanto, como fuente externa,

---

[70] El proyecto del Diputado Antelo preveía, como Libro V, la ejecución y los procedimientos especiales. En su Título Primero, Capítulo 1°, establecía que la ejecución era competencia del juez o tribunal que, en única instancia, hubiese dictado la sentencia (art. 377). Asimismo, determinaba la vía incidental para canalizar estas cuestiones (art. 378). El Capítulo 2° regulaba la ejecución penal; reglamentando el instituto de la prisión domiciliaria por razones de sexo, edad y salud (art. 383). Dentro del Título Segundo, dedicado a los procedimientos especiales, el Capítulo 3° se ocupaba de las reglas procesales vinculadas con la libertad condicional. Es interesante, en esta materia, la disposición del art. 448 que discernía la competencia en relación a este incidente en un tribunal integrado por el presidente y dos vocales de la Corte de Casación. En su Exposición de Motivos, Antelo explicaba la razón por la cual constituía, para estos casos, este tribunal especial: "El proyecto de acuerdo a las sugestiones del doctor Jorge H. Frías, incansable animador del Patronato de Liberados, unifica en un solo tribunal integrado por el presidente de la Corte de Casación y dos vocales la competencia para el otorgamiento de la libertad condicional, con el objeto de regular uniformemente el criterio judicial en la práctica de la institución y coordinar la acción del tribunal con las directivas de los que constituidos

se tuvo en consideración la regulación que de los trámites de ejecución realizara el Código procesal penal italiano de 1930.

Por su parte, en relación con el diferimiento de la pena privativa de la libertad, los antecedentes de la previsión local encontraban sus fuentes en los Códigos procesales noruego e italiano (de 1913) y en la Ordenanza Procesal Penal Alemana.

---

en patronato toman a su cargo la protección y asistencia de los liberados" (*Proyecto de Código de Procedimiento Penal para la Capital Federal del Diputado Mario Antelo*, Edición especial ordenada por la H. Cámara, en la sesión del día 15 de septiembre de 1933, Imprenta del Congreso Nacional, Bs. As., 1933, p. 31). El Código cordobés, seguiría los lineamientos del proyecto Antelo, aunque con algunas variantes. Ya veremos cómo, en este texto, la competencia para la concesión de la libertad condicional continuaba, como todos los incidentes de ejecución, bajo la órbita del juez o tribunal que dictó la sentencia condenatoria. Esto era una lógica consecuencia de que, el Código de Córdoba, no preveía una Corte de Casación, como sí lo hacía Antelo. Pero, además, Vélez Mariconde criticó el método del proyecto nacional en orden a la ubicación de los procedimientos especiales cuando señaló: "Con lógica más estricta, nosotros incluiríamos los Procedimientos Especiales en el Libro III (Del Juicio). No tienen ellos puntos de contacto con las normas de Ejecución, y no hay razón atendible para agrupar ambas materias en un solo libro" (cfr. Vélez Mariconde, Alfredo, *Bases de un nuevo proceso penal. El Proyecto de Mario Antelo*, Establecimiento Gráfico "Comercio y Tribunales", Córdoba, 1937, p. 16). Esto llevó a los proyectistas del Código cordobés a que, mantuvieran la reglamentación procesal de la libertad condicional dentro de los incidentes de ejecución; autonomizándolos de los denominados procedimientos especiales.

Sobre la regulación que realizaba el Código procesal penal italiano de 1930, la doctrina contemporánea de aquel país venía desarrollando una elaboración teórica de gran importancia. Junto a obras generales, como las de Vincenzo Manzini[71] y Guglielmo Sabatini[72], ambos muy consultados por Vélez Mariconde, se encontraban estudios específicos como los de Arturo Santoro[73] y de Giuseppino Ferruccio Falchi[74]. Todas estas obras contenían elaboraciones respecto a los incidentes de ejecución.

Manzini había definido a aquellos incidentes como la "relación procesal contenciosa, promovida por el Ministerio Público o por el particular interesado, que surge con ocasión de la ejecución de una sentencia penal hecha irrevocable o de otra providencia del juez por la que esté prescripto expresamente este procedimiento; incidente que tiene por contenido una de las cuestiones especí-

---

[71] Manzini, Vincenzo, *Trattato di Diritto Processuale Penale Italiano secondo il nuovo códice*. Volume quarto, Unione Tipografico – Editrice Torinese, Torino, 1932.

[72] Sabatini, Guglielmo, *Istituzioni di Diritto Processuale Penale*, Alberto Morano, Napoli, 1933.

[73] Santoro, Arturo, *Fondamenti della esecuzione penale*, Tipo – Litografia delle Mantellate, Roma, 1931.

[74] Ferruccio Falchi, Giuseppino, *Diritto penale esecutivo*, Volume primo, Teoria; Volume secondo, Pratica, R. Zannoni Editore, Padova, 1934.

ficamente previstas por la ley u otra controversia relativa a interpretación o aplicación del fallo o a las providencias no discrecionales emitidas para la ejecución de ese mismo fallo"[75].

Cabe destacar que en la normativa italiana, y con reflejo en los análisis de los procesalistas de la época, comenzó a darse mayor significación al derecho de defensa en estos incidentes; y aún cuando el mismo no resultaba obligatorio en esta fase, mientras la sentencia era ejecutada por el Ministerio Fiscal, sí le era exigible al presidente del tribunal, el nombramiento de un defensor de oficio al interesado admitido al patrocinio gratuito, cuando la decisión adoptada por aquel Ministerio hubiese generado, por ser desfavorable a los intereses del condenado, una controversia[76].

¿Por qué insistimos en la regulación y el trámite incidental como una innovación del nuevo texto cordobés?

Las razones son las siguientes:

---

[75] Manzini, *Trattato*..., op. cit., pp. 731/732.

[76] Como lo señalaba Sabatini, *Istituzioni*..., op. cit., p. 371: "In seguito alla richiesta o alla istanza, il presidente o il pretore nomina un difensore di ufficio all' interessato ammesso al gratuito patrocinio, giacché la difesa non é obbligatoria in sede di esecuzione (...)".

Por una parte, el trámite del incidente supuso una participación de la defensa del condenado en este segmento del proceso. Bien es verdad que el texto no lo decía en forma explicita; pero ello se desprende de la interpretación del artículo 533, en la medida que disponía la vista "a la parte interesada". Y, por su parte, reforzando la conclusión anterior, no puede soslayarse que, en el artículo 547, cundo se reglamentaba procesalmente la libertad condicional, en la parte final, se indicaba que el peticionante podía hacerse patrocinar por abogado. El dato no es menor porque dotaba de visibilidad a la a defensa técnica durante esta etapa; lo que era extraño a la codificación anterior y sus proyectos de modificación. De hecho – y esto realza aún más las disposiciones del Código de Córdoba – algunos años después de su puesta en vigencia, continuaba un clima indiferente en relación con la necesidad de la intervención del defensor en estos incidentes. Así, a título de ejemplo, en a exposición de motivos del Proyecto de Ley Complementaria del Código Penal, reglamentando el régimen de la Libertad Condicional, presentado en 1942, su autor, Jorge H. Frías, expresaba: "¿Qué tienen que hacer los abogados defensores en las peticiones de libertad condicional, que no constituyen derechos a debatir o a probar y que sólo se relacionan con el régimen del cumplimiento de la pena en libertad, que facultativamente debe acordarse o negarse por resolución judicial? ¿En virtud de qué principio constitucional o legal se permite esa intervención de defensores?"[77].

En segundo término porque, también se observa un esfuerzo por determinar el carácter jurisdiccional de esta etapa; cuestión muy desdibujada la legislación anterior.

V. Alfredo Vélez Mariconde y la enseñanza del Derecho Procesal Penal en la Cátedra cordobesa

¿Qué ocurría en la cátedra universitaria mientras se gestaba este proyecto?

Hacia 1937, Vélez Mariconde era encargado de la titularidad de la cátedra de Derecho Procesal Penal. En tal carácter realizó algunas enmiendas al programa de la asignatura, dotando de mayor especificidad al contenido de la etapa de ejecución penal de la sentencia. Así, en una unidad aglutinó, dividido por distintos numerales, tres cuestiones: dos etapas eventuales del proceso -los recursos y ejecución- y algunos procedimien-

---

[77] Para el texto del proyecto, cfr. *Revista Penal y Penitenciaria, Dirección General de Institutos Penales*, VII, 26, pp. 544/555.

tos especiales. La particularidad de este programa estuvo dada por detallar los contenidos relevantes de la ejecución -consignado como puntos de desarrollo: concepto, caracteres, presupuestos, órganos y acumulación de penas- y en cierta confusión en que se incurrió al colocar, dentro de los procedimientos especiales, a la fuga de presos y a la libertad condicional; cuando, en rigor, ambas eran contingencias que se vinculaban específicamente con la ejecución de una sentencia condenatoria a prisión o reclusión. En el programa de 1940, y de acuerdo a la crítica (ya puntualizada) que, en 1937, Vélez Mariconde realizó al proyecto de Mario Antelo, el catedrático subsanó parcialmente el déficit que acabamos de señalar por cuanto, si bien mantuvo entre los procedimientos especiales al tratamiento de la "fuga de presos", ya se ubicó a la libertad condicional en la etapa de ejecución. Esta estructura continuó, aunque eliminándose la cuestión de la fuga de presos, en los programas de 1944, 1951 y 1952.

La mayor especificidad dada a esta materia, por parte de los programas de 1937 y los sucesivos, se explica, indudablemente, por la propia concepción que al respecto tuvo Vélez Mariconde y que, de hecho, al elevar el proyecto de Código al Poder Ejecutivo provincial, el 27 de noviembre de 1937, ya había concretado como formulación normativa.

VI. La incidencia de la doctrina procesal italiana[78]

Hemos señalado que entre las fuentes externas de mayor gravitación, en la regulación de esta etapa, debe destacarse el Código procesal penal italiano de 1930.

¿Cuál era el estado de la doctrina italiana en relación a la naturaleza de la fase ejecutiva?

Cavallo se preguntaba si la actividad desplegada, luego de la sentencia, era jurisdiccional, exclusivamente administrativa o mixta[79].

Esta inquietud reflejaba que las aguas no estaban quietas respecto de este tópico. En este sentido, un repaso por los principales autores de la época permite realizar la siguiente sistematización:

---

[78] El nacimiento de la preocupación jurídica por la cuestión penitenciaria tuvo lugar en Italia, a partir de la década de los treinta del siglo pasado; debiendo destacarse, en este aspecto, la figura de Giovanni Novelli. Al respecto, cfr. Téllez Aguilera, Abel, " Novelli y su tiempo Una aproximación a los orígenes y al concepto del Derecho penitenciario", *Revista de Estudios Penitenciarios*, N° 255, Año 2011, Ministerio del Interior, Secretaría General Técnica, Madrid, p. 11 y siguientes.

[79] Cavallo, Vincenzo, *La sentenza penale*, Casa Editrice Dott. Eugenio Jovene, Napoli, 1936, p. 104.

Por una parte, algunos doctrinarios, como fue el caso de Falchi, sostuvieron que entre la condena y la fase ejecutiva, hay una continuidad del proceso. Mortara, en la misma orientación, afirmaba también esa naturaleza al expresar que la jurisdicción puede intervenir durante la etapa de ejecución, porque en ella podrían verificarse determinadas circunstancias que así lo reclamasen; motivo por el cual la función jurisdiccional puede decirse que está siempre presente y es inherente a la fase ejecutiva[80].

Por su parte, Marsich afirmaba la naturaleza administrativa de dicha actividad. Según este autor, luego que la sentencia declaraba el derecho en el caso concreto, es el Ministerio Público quien inicia la actividad ejecutiva[81]: si la iniciativa de la ejecución corresponde al Ministerio Público, como éste órgano cumple actividad administrativa, también tiene ese carácter la fase ejecutiva[82].

Cavallo consideraba que el Ministerio Público tenía el derecho a hacer exigible la sentencia condenatoria en interés del Estado. Por tanto, la ejecución era también objeto del proceso penal;

---

[80] Cavallo, *La sentenza…*, op. cit., pp. 104/105.
[81] Porque así lo disciplinaba el Código Procesal Penal italiano de 1930.
[82] Cavallo, *La sentenza…*, op. cit., p. 106.

con lo cual, éste no fenece al momento de dictar aquélla sino que se extiende y continúa durante la fase ejecutiva. Sin embargo, según la opinión de este autor, la actividad allí desplegada no era típicamente jurisdiccional sino que era "una actividad procesal de naturaleza administrativa"[83].

Finalmente Manzini sostuvo la naturaleza mixta de la ejecución. Para este jurista, "las normas que determinan las condiciones y los presupuestos de ejecutabilidad de las disposiciones en las providencias del juez penal y que designan los órganos a que se encomienda el cuidado de promover (no de aplicar materialmente) la ejecución, como también las que disciplinan lo que respecta al contencioso ejecutivo (incidentes de ejecución), pertenecen al derecho procesal penal"[84].

Por supuesto que, en esta concepción, hay también lugar para la intervención del poder administrador. El propio Manzini lo había expresa-

---

[83] Cavallo, *La sentenza...*, op. cit., p. 109.

[84] Manzini, *Trattato...*, op. cit., p. 723. Por su parte, Santoro, *Fondamenti...*, op. cit., p. 129, atribuía naturaleza jurisdiccional, al incidente de ejecución: "E', poi, indubbiamente giurisdizionale la fase incidentale, che risolve controversie, naturalmente sopra una base ormai determinata (la sentenza penale di condanna), costituente eventualmente, un vero e proprio conflitto fra Stato ed imputato".

do cuando señalaba que las "normas que regulan la ejecución material de la condena (…) pertenecen al derecho administrativo (…)"[85].

VII. Conclusiones

Si se relee la opinión de Manzini – que, como también recién lo apuntamos es similar a la de Sabatini – y se la compara con algunas de las previsiones del Código procesal penal de 1939, habrá que convenir que, aquel pensamiento fue el que encontró recepción en la labor de Vélez Mariconde y Soler al momento de proyectar su texto; pensamiento que, también en forma coetánea con aquella tarea, el mismo Vélez Mariconde propuso, en su tarea docente, como propuesta académica universitaria.

Que esto fue así, también lo demuestran las apreciaciones que realizara el propio Vélez Mariconde en su tarea doctrinaria. Así, en 1942, elaboró un trabajo, con vocación general, intitulado *Los principios fundamentales del proceso penal según el Código de Córdoba*[86], en donde realizó al-

---

[85] Manzini, *Trattato…*, op. cit., p. 722. También Sabatini, *Istituzioni…*, op. cit., p. 360.

[86] Esta obra fue publicada en forma de libro y simultáneamente en la revista *Jurisprudencia Argentina*, 1942 – IV – 13 y ss. Esta última publicación fue reeditada en Pedro J. Bertolino (Director),

gunas consideraciones de valor que nos permiten visualizar cómo, la etapa de ejecución penal, adquiría, de acuerdo a la legislación recientemente sancionada y al pensamiento de uno de sus codificadores, perfiles jurídicos de mayor densidad. La afirmación anterior se confirma si reparamos en la caracterización que hace, en esta obra, de aquella etapa del proceso: "La sentencia judicial irrevocable" -señalaba Vélez Mariconde- "termina el juicio propiamente dicho; pero no pone término a la actividad jurisdiccional. (…) La sentencia condenatoria exige el cumplimiento de la pena impuesta, lo que corresponde al órgano jurisdiccional que la dictó (…). Este pronunciamiento definitivo da origen al tercer momento de la función represiva: el de la ejecución. La ley penal alcanza realización práctica, que se completa mediante una actividad administrativa"[87]. El párrafo trascrito enfatiza, de esa manera, el carácter jurisdiccional que revisten los incidentes que pueden suscitarse con motivo de la ejecución de una pena privativa de libertad; aunque, desde luego, también reconoce, en la

---

Summa Procesal Penal, T° III, Ed. Abeledo Perrot, Bs. As., 2013, pp. 3367 / 3413. Las citas que aquí se efectúan se corresponden con esta reedición.

[87] Vélez Mariconde, *Los principios fundamentales…*, op. cit., p. 3371.

administración penitenciaria, la realización práctica de aquélla[88].

---

[88] Vélez Mariconde, *Los principios fundamentales…*, op. cit., p. 3377: "Finalmente, y en el caso de una sentencia condenatoria, se verifica la ejecución (…), donde la relación procesal tiene sólo por objeto las cuestiones jurisdiccionales que la misma suscita o puede suscitar, aun durante la práctica y administrativa aplicación de las sanciones".

Epílogo

José Daniel Cesano – María Angélica Corva

Los trabajos expuestos en este Seminario constituyen una aproximación en relación a un proceso de renovación de las leyes de enjuiciamiento criminal que deja abierto, para futuras indagaciones, diversas cuestiones.

De hecho, en el debate posterior a las exposiciones, algunas de estas cuestiones merecieron una atención particular; quedando, especialmente planteada, por ejemplo, la necesidad de continuar las investigaciones respecto a la razón por la cual, el proyecto Gómez – Moreno, no alcanzó una concreción legislativa; situación en que se diferencia del proceso codificador cordobés, que logró efectivizarse con éxito; a pesar de cierta morosidad legislativa.

Sin embargo, también se pudo avanzar en algunas conclusiones provisorias.

Por de pronto, ambos proyectos constituyen manifestaciones de un movimiento renovador, cuya producción provenía de élites intelectuales, de una esmerada formación jurídica. En efecto, Eusebio Gómez, Rodolfo Moreno, Sebastián Soler y Alfredo Vélez Mariconde, fueron destacados cultores, más allá de sus ámbitos locales, tanto en relación a la ciencia jurídico penal como al enjuiciamiento criminal. No sólo, los cuatro protagonistas, profesaron en diversas universidades (Buenos Aires y Córdoba), en sus respectivas disciplinas, sino que, algunos de ellos, habían tenido ya experiencias anteriores en la tarea de proyección legislativa[89]. En el caso del Código de Córdoba, el texto sancionado, representó, además, una apertura hacia nuevas tradiciones jurídicas – concretamente la italiana[90]–, con cierta discontinuidad ha-

[89] En efecto, como se sabe, Moreno fue el propulsor y principal protagonista en el proceso codificador que epilogara, en 1921, con la sanción del Código Penal; en tanto que, Soler, había realizado un proyecto de Código de Faltas para la Provincia de Santa Fe, cuyo texto se publicó, en 1935.

[90] En su estudio realizado sobre las fuentes externas del Código de Córdoba, Marcelo Finzi indicaba que el Código de Procedimiento Penal para el Reino de Italia, del 19 de octubre de 1930, había sido empleado por los codificadores en 193 oportunidades; a los que había que adicionar los 58 textos que tenían como fuente el Código de Procedimiento Penal Italiano de 1913. Al respecto, cfr. *Código de Procedimiento Penal de la Provincia de Córdoba. Ley N° 3.831, de Agosto 28 de 1939. Según la Edición Oficial. Con un Prefacio, la indicación alfabética de las fuentes del Código y un extenso índice alfabético de materias, redactados por el Prof. Marcelo Finzi,* Ed. Assandri, Córdoba, 1944, p. 265 y siguientes.

cia otras, como ocurrió con las fuentes españolas, cuya gravitación anterior comenzó a desdibujarse.

En segundo lugar es observable el conocimiento por parte de los codificadores cordobeses, del proyecto que elaboraron, años antes, Gómez y Moreno. Si bien, en lo que atañe a las fuentes internas, Vélez Mariconde y Soler recibieron una influencia de gran significación del proyecto de Mario Antelo, también se sirvieron, aunque en forma mucho más discreta, del texto proyectado para la provincia de Buenos Aires; que fue utilizado como fuente en trece oportunidades[91].

También se advierte una conclusión común para ambos procesos: la iniciativa excluyente del poder ejecutivo, por sobre la legislatura, al momento de hacer propuestas de enmienda general de la codificación del enjuiciamiento penal[92];

---

[91] Cfr. *Código de Procedimiento Penal de la Provincia de Córdoba...*, op. cit., p. 266.

[92] En el caso de Córdoba, el tema no pasó inadvertido por parte de los actores políticos involucrados; especialmente con motivo de la presentación del proyecto de Julio Rodríguez de la Torre. En efecto, en la sesión de la Cámara de Diputados, del 23 de junio de 1922, frente al despacho elaborado por la Comisión de Legislación que presentó un proyecto de ley en cuyo mérito se establecía que el poder ejecutivo nombrase a tres juristas para redactar un nuevo proyecto de Código, teniendo en cuenta los otros textos que habían ingresado a la legislatura sin obtener tratamiento, se generó un acalorado debate en donde, algunos diputados, pretendieron reclamar para sí esta tarea. Esa fue

cuestión que, igualmente, subyace en relación a la

la dirección en que argumentó el diputado Roldán cuando expresó: "Creo (…) que la honorable cámara cuenta en su seno con elementos sumamente capacitados para afrontar con dedicación, con ilustración y con competencia, la tarea que la comisión de legislación quiere encomendar a tres juristas para la confección de este código. Creo que por propio interés de la honorable cámara y por propio honor de élla, contando como cuenta en su seno con distinguidos abogados, y numerosos, esta vez más que nunca – hay 14 abogados en la cámara – muchos de ellos profesores universitarios, hombres jóvenes y talentosos que podrían prestar un servicio a la provincia, cumpliendo con su deber, estudiando en forma de comisión especial el código que se quiere destinar a una comisión extraordinaria de fuera de la cámara (…)" (cfr. *Diario de sesiones de la Cámara de Diputados*, IIª sesión, 9ª ordinaria del día 23 de junio de 1922, p. 282). La respuesta no se hizo esperar y la refutación estuvo a cargo del diputado Suárez Pinto. Éste señaló, en primer término, que un "estudio de esta naturaleza hecho por una comisión de la cámara, ocuparía en absoluto el tiempo de la comisión durante todo el período de sesiones ordinarias y quizás más, porque se trata de un estudio detenido, que requiere mucha dedicación, y los señores diputados que forman parte de la comisión quedarían completamente anulados para intervenir en otros debates de la cámara, quedando así en absoluto concretados a la discusión y la preparación de este proyecto, dejando de lado todos los otros asuntos que están en la carpeta de esa comisión o que pudieran llegar. Es un trabajo ímprobo, analítico, para el cual serán necesarias largas horas de meditación por parte de los señores diputados que intervengan en su estudio, que tienen que estar al tanto de todas las necesidades públicas, y no podrán por lo tanto concretarse en esa forma, con esa dedicación con que podría hacerlo la comisión de tres miembros ajenos a la cámara que propone la comisión. La cámara estudiará el proyecto que envíe esa comisión una vez que el poder ejecutivo lo eleve a la consideración de la legislatura, y de esa manera la comisión tendrá una base sobre la cual establecer la sanción de la cámara" tarea codificadora en materia sustancial (esto es: los Códigos Civil, Comercial, Penal), tal cual lo puso de manifiesto Tau Anzoátegui al señalar la existencia de argumentos que, a la postre, serían similares a los que se visibilizarían en los procesos de renovación de la codificación procesal penal que experimentaron ambas Provincias; concretamente: por un lado, "la incapacidad material e intelectual de las Cámaras para analizar exhaustivamente y discutir una obra de esta naturaleza, y la necesidad de preservar el orden sistemático que suponía un código. Por el otro, la renuncia del Poder legislativo a su más fundamental atribución: la de examinar y discutir las leyes"[93].

Por fin, y al menos para el caso de Córdoba en donde uno de los proyectistas reunía además la condición de catedrático de Derecho Procesal

---

(cfr. *Diario de sesiones de la Cámara de Diputados*, IIª sesión, 9ª ordinaria del día 23 de junio de 1922, p. 283). Asimismo, el propio Suárez Pinto respaldó la capacidad del poder ejecutivo al momento de elegir a los miembros de tal comisión; señalando: "(…) la comisión debe confiar en el criterio del poder ejecutivo (…)"; quien "nombrará personas capaces para el desempeño de esa función" (*Diario de sesiones de la Cámara de Diputados*, IIª sesión, 9ª ordinaria del día 23 de junio de 1922, p. 281). Al respecto, cfr. Cesano, *Contexto político…*, op. cit., p. 145 y siguientes.

[93] Tau Anzoátegui, Víctor, *La codificación en la Argentina. 1810 – 1870. Mentalidad social e ideas jurídicas*, 2ª edición, Librería Editorial Histórica Emilio J. Perrot, Bs. As., 2008, p. 334.

Penal – nos referimos a Alfredo Vélez Mariconde –, es posible advertir cómo se retroalimentan los procesos de codificación con la modernización curricular de la disciplina específica. Esta constatación es significativa porque confirma la importancia de la indagación historiográfica respecto de la educación de jueces y abogados; en la medida que tal profesión se transformaría en el principal canal de reclutamiento para las elites políticas con responsabilidades públicas en la propia tarea formadora de la ley y posterior custodio de su cumplimiento[94].

---

[94] Al respecto, cfr. Zimmermnn, Eduardo, "The education of Lawyers and Judges in Argentina's *Organización Nacional*", en *Judicial Institutions in Nineteenth- Century Latin America*, Edited by Eduardo Zimmermann, Institute of Latin America Studies, University of London, 1999, p. 104 y siguientes.

Fuentes y Bibliografía

Béjar, María Dolores *El régimen fraudulento. La política en la provincia de Buenos Aires, 1930-1943*, Siglo XXI, Buenos Aires, 2005.

Berizonce, Roberto Omar Martínez Astorino, Roberto Daniel "Los juicios orales en Argentina", en Ferrer Mac-Gregor, Eduardo Saíd Ramírez, Alberto (Coord.) *Juicios orales. La reforma judicial en Iberoamérica*, Instituto de Investigaciones Jurídicas, Instituto Iberoamericano de Derecho Procesal, Universidad Nacional Autónoma de México, 2013.

Cafetzoglus, Alberto Néstor, *El juicio penal oral*, Ediciones Centro Norte, Buenos Aires, 1988.

Cavallo, Vincenzo, *La sentenza penale*, Casa Editrice Dott. Eugenio Jovene, Napoli, 1936.

Cesano, José Daniel, *Los objetivos constitucionales de la ejecución penitenciaria*, Alveroni Ediciones, Córdoba, 1997.

----------, *Derecho penitenciario. Aproximación a sus fundamentos*, Alveroni Ediciones, Córdoba, 2007

----------, *Contexto político, opinión pública y perfiles intelectuales en el proceso de codificación procesal penal en la provincia de Córdoba*, Córdoba, Ediciones Lerner, 2017.

----------, *Rodolfo Moreno (H), su mundo parlamentario y el proceso de codificación penal argentino*, Ed. Brujas, Córdoba, 2018.

Código de procedimiento en lo criminal. Proyectado por los Dres. José R. Ibáñez y J. Bialet Massé, Córdoba, Talleres Tipográficos de "El Interior", 1886.

Código de Procedimiento Penal de la Provincia de Córdoba. Ley N° 3.831, de Agosto 28 de 1939. Según la Edición Oficial. Con un Prefacio, la indicación alfabética de las fuentes del Código y un extenso índice alfabético de materias, redactados por el Prof. Marcelo Finzi, Ed. Assandri, Córdoba, 1944.

Corva, María Angélica, *Constituir el gobierno, afianzar la justicia. El Poder Judicial de la provincia de Buenos Aires (1853-1881)*, Prohistoria ediciones-Instituto de Investigaciones de Historia del Derecho, Rosario / Buenos Aires, 2014.

----------, "La conformación de un cuerpo pericial

de profesionales científicos para la administración de justicia de la provincia de Buenos Aires (1930-1955)", Coloquio Ciencia y Justicia. Construir la nación, siglos XIX-XX, Museo Benjamín Vicuña Mackenna, Santiago de Chile, 13 al 15 de junio.

De la Colina, Salvador Rivarola, Rodolfo, *Proyecto de ley sobre organización y atribuciones de la administración de justicia*, Taller de Impresiones Oficiales, 1911.

Di Liscia, María Silvia, "Colonias y escuelas de niños débiles. Los instrumentos higiénicos para la eugenesia. Primera mitad del siglo XX en Argentina" en Di Liscia, María Silvia y Bohoslavsky, Ernesto (Eds.), *Instituciones y formas de control social en América Latina*, *Prometeo*, Buenos Aires, 2005, pp.93-114.

Diario de Sesiones de la Cámara de Diputados, N° 12, Tipográfica A. Biffignandi, Córdoba, 1922.

Diario de Sesiones de la Cámara de Senadores, 1ª sesión ordinaria, 5 de Mayo de 1922, Imprenta "La Minerva", Córdoba, 1923.

Ferruccio Falchi, Giuseppino, *Diritto penale esecutivo, Volume primo, Teoria; Volume secondo, Pratica*, R. Zannoni Editore, Padova, 1934.

Freidenraij, Claudia, *La niñez desviada. La tutela estatal de niños pobres, huérfanos y delincuentes. Buenos Aires, c. 1890-1919*, Tesis de Doctorado inédita, Universidad de Buenos Aires, 2015.

Frías, Jorge H., "Proyecto de Ley Complementaria del Código Penal, reglamentando el régimen de la Libertad Condicional", *Revista Penal y Penitenciaria*, Dirección General de Institutos Penales, VII, 26.

Goldschmidt, James, *Derecho, Derecho penal y Proceso I. Problemas fundamentales del Derecho*, Jacobo López Barja de Quiroga (ed.), Ed. Marcial Pons, Madrid, 2010.

Gómez, Eusebio - Moreno, Rodolfo, *Comisión de Reformas en Materia Procesal, Carcelaria y de Menores. Proyecto de ley de organización de la justicia en materia penal*, Taller de impresiones oficiales, La Plata, 1935.

Hitters, Juan Carlos, *El juicio oral en materia civil y comercial*, Librería Editora Platense, La Plata, 1974.

Ingenieros, José, *Dos páginas de psiquiatría criminal*, Imprenta Galileo, Buenos Aires, 1900.

Jofré, Tomás, *Manual de procedimiento (civil y penal)*, 5ª. Edición Anotada y puesta al día, con la jurisprudencia, bibliografía y legislación por el Dr. I. Halperín, Editorial La Ley, Buenos Aires, 1941.

Levaggi, Abelardo, "La codificación del procedimiento criminal en la Argentina en la segunda mitad del siglo XIX", en *Revista de Historia del Derecho*, N° 11, Instituto de Investigaciones de Historia del Derecho, Bs. As., 1983.

Ley orgánica de los Tribunales. Códigos de Procedimientos en lo Civil, Comercial y Penal de la Provincia de Córdoba. Edición oficial, Córdoba, Imprenta Argentina, 1916.

Maier, J B J, *Derecho procesal penal*, vol. 1: Fundamentos, Editores del Puerto, Buenos Aires, 2004.

Manzini, Vincenzo, *Trattato di Diritto Processuale Penale Italiano secondo il nuovo códice.* Volume quarto, Unione Tipografico – Editrice Torinese, Torino, 1932.

Martínez Paz, "El procedimiento penal y el proyecto de Código de 1918", en Enrique Martínez Paz, *Proyecto de Código de procedimientos en materia penal para la provincia de Córdoba*, Córdoba, sin píe de imprenta, 1918.

Mensaje del Gobernador de la Provincia de Córdoba Dr. Julio A. Roca. Leído ante la Asamblea Legislativa al inaugurarse el período ordinario de sesiones del año 1924, sin píe de imprenta, Córdoba, 1924.

Montero Aroca, Juan, *Principios del proceso penal. Una explicación basada en la razón*, coedición Ed. Astrea y Ed. Tirant lo Blanch, Bs. As., 2016.

Moreno, Artemio, "Cincuenta años de procedimiento penal", *Revista de Psiquiatría y Criminología*, Año IV, N° 23, Buenos Aires, Setiembre – Octubre de 1939.

Nuñez, Jorge, "La reinserción social de los ex-presidiarios en la Argentina de las primeras décadas del siglo XX. Algunos comentarios biográficos sobre Jorge H. Frías, fundador del Patronato de Liberados y Excarcelados de la Capital Federal", en *Temas de Historia Argentina y Americana*, n.22, UCA, Buenos Aires, 2014.

Núñez, Jorge A. – Cesano, José Daniel, "Juridical Approach to Imprisonment (1887-1955): Historiographical Notes on the Origin of Penitentiary Law in Argentine Universities", en Leila Cavalcanti Castro (Editora), *Criminal Law: Past, present and future perspectives*, Ed. Nova Science Publishers, New York, 2019.

Ortiz Bergia, María José – Reyna, Franco D. – Portelli, María Belén – Moretti, Nicolás D., *Procesos amplios, miradas locales. Una historia de Córdoba entre 1880 y 1955*, Centro de Estudios Históricos "Prof. Carlos S. A. Segreti", Córdoba, 2015.

Proyecto de Código de Procedimiento Penal para la Capital Federal del Diputado Mario Antelo, Edición especial ordenada por la H. Cámara, en la sesión del día 15 de septiembre de 1933, Imprenta del Congreso Nacional, Bs. As., 1933.

Proyecto de Código de Procedimiento Penal para la Capital Federal. Por los Doctores A. Vélez Mariconde y Sebastián Soler. Presentado a la H. Cámara de Diputados de la Nación por el señor Diputado Dr. José Peco, Edición de la revista *Jurisprudencia Argentina*, Bs. As., 1943.

Provincia de Buenos Aires. *Convención Constituyente*, Taller de Impresiones Oficiales, La Plata, 1936.

Provincia de Córdoba. *Código de procedimiento penal. Ley 3831*. Edición Oficial, Talleres Gráficos de la Cárcel Penitenciaría de Córdoba, Córdoba, 1941.

Ragués y Vallès, Ramón, "Derecho penal sustantivo y Derecho Procesal penal: hacia una visión integrada", en La Reforma del Proceso Penal Peruano, *Anuario de Derecho Penal 2004.* Disponible en https://www.unifr.ch/ddp1/derechopenal/anuario/an_2004_08.pdf.

Rodríguez de la Torre, Julio, *Proyecto de Código de Procedimiento en lo criminal para la Provincia de Córdoba, Revista de la Universidad Nacional de Córdoba*, Núm. 2/3/4 (9): Abril, Mayo, Junio 1922.

Roxin, Claus, *Derecho procesal penal*, Editores del puerto, Bs. As., 2000.

Sabatini, Guglielmo, *Istituzioni di Diritto Processuale Penale*, Alberto Morano, Napoli, 1933.

Santoro, Arturo, *Fondamenti della esecuzione penale*, Tipo – Litografia delle Mantellate, Roma, 1931.

Schmidt, Eberhard, *Los fundamentos teóricos y constitucionales del Derecho procesal penal*, Editorial Bibliográfica Argentina, Bs. As., 1957.

Sosa Arditi, Enrique A.- Fernández, José, *Juicio oral en el proceso penal. Procedimiento común. Procedimientos especiales*, Astrea, Buenos Aires, 1994.

Sozzo, Máximo, *Locura y crimen. Nacimiento de la intersección entre los dispositivos penal y psiquiátrico,*

Didot, Buenos Aires, 2015.

Tau Anzoátegui, Víctor, *La codificación en la Argentina. 1810 – 1870. Mentalidad social e ideas jurídicas*, 2ª edición, Librería Editorial Histórica Emilio J. Perrot, Bs. As., 2008.

Téllez Aguilera, Abel, "Novelli y su tiempo Una aproximación a los orígenes y al concepto del Derecho penitenciario", *Revista de Estudios Penitenciarios*, N° 255, Ministerio del Interior, Secretaría General Técnica, Madrid, 2011.

Tinti, Pedro León – Marengo, Carmen Nydia, *Córdoba y su Justicia. 1573 – 1926*, Edición Poder judicial de la Provincia de Córdoba, Centro de Perfeccionamiento Ricardo C. Núñez, Córdoba, 2001.

Vélez Mariconde, Alfredo, *Bases de un nuevo proceso penal. El Proyecto de Mario Antelo*, Establecimiento Gráfico "Comercio y Tribunales", Córdoba, 1937.

----------, *Los principios fundamentales del proceso penal según el Código de Córdoba*, 1ª edición, Jurisprudencia Argentina, Bs. As., 1942. Reeditada en Pedro J. Bertolino (Director), *Summa Procesal Penal*, T° III, Ed. Abeledo Perrot, Bs. As., 2013.

Zimmermnn, Eduardo, "The education of Lawyers

and Judges in Argentina's *Organización Nacional*', en *Judicial Institutions in Nineteenth- Century Latin America*, Edited by Eduardo Zimmermann, Institute of Latin America Studies, University of London, 1999.

Índice

Introducción **5**

Capítulo Primero. Instituciones para implantar la oralidad en la provincia de Buenos Aires. El proyecto de ley de organización de la justicia en materia penal de Rodolfo Moreno y Eusebio Gómez (1935) **12**

I. Introducción... 12

II. En busca de la oralidad... 20

1. La encuesta 27

2. Los fundamentos del proyecto............................... 47

3. La organización de la justicia en materia penal . 63

III. Conclusiones... 71

Capitulo Segundo. De leyes, formaciones académicas y normas procesales: las reglas de ejecución penitenciaria en la legislación de enjuiciamiento criminal de Córdoba (1887/1939) **74**

I. Introducción 75

II. La ejecución penal de la sentencia en la legislación procesal penal de Córdoba anterior a la sanción del Código Procesal penal de 1939 77

III. La preocupación formativa universitaria respecto de los aspectos procesales de la ejecución de la pena privativa de libertad 96

IV. Las reglas jurídicas sobre la ejecución de la pena privativa de la libertad en el Código Procesal Penal de Sebastián Soler y Alfredo Vélez Mariconde 100

V. Alfredo Vélez Mariconde y la enseñanza del Derecho Procesal Penal en la Cátedra cordobesa 108

VI. La incidencia de la doctrina procesal italiana 110

VII. Conclusiones 113

Epílogo **116**

Fuentes y Bibliografía **122**

Impreso por Editorial Brujas • abril de 2019 •
Córdoba–Argentina

www.ingramcontent.com/pod-product-compliance
Lightning Source LLC
Chambersburg PA
CBHW080546220526
45466CB00010B/3054